VOCABULÁRIO DE
KARL MARX

VOCABULÁRIO DE KARL MARX

Emmanuel Renault
Professor Agrégé e doutor em filosofia
Mestre de conferências da École Normale Supérieure (ENS)
letras e ciências humanas

Tradução
CLAUDIA BERLINER

Revisão técnica
MARCOS FERREIRA DE PAULA

wmf **martinsfontes**

SÃO PAULO 2010

Esta obra foi publicada originalmente em francês com o título
LE VOCABULAIRE DE MARX
por Les Éditions Ellipses, Paris
Copyright © Ellipses/Édition Marketing, França
Copyright © 2010, Editora WMF Martins Fontes Ltda.,
São Paulo, para a presente edição.

1ª edição 2010

Tradução
CLAUDIA BERLINER

Revisão Técnica
Marcos Ferreira de Paula
Acompanhamento editorial
Luzia Aparecida dos Santos
Revisões gráficas
Maria Fernanda Alvares
Helena Guimarães Bittencourt
Edição de arte
Katia Harumi Terasaka
Produção gráfica
Geraldo Alves
Paginação
Moacir Katsumi Matsusaki

Dados Internacionais de Catalogação na Publicação (CIP)
(Câmara Brasileira do Livro, SP, Brasil)

Renault, Emmanuel, 1967- .
 Vocabulário de Karl Marx / Emmanuel Renault ; tradução
Claudia Berliner ; revisão técnica Marcos Ferreira de Paula.
– São Paulo : Editora WMF Martins Fontes, 2010. (Coleção
vocabulário dos filósofos)

 Título original: Le vocabulaire de Marx
 Bibliografia
 ISBN 978-85-7827-186-2

 1. Marx, Karl, 1818-1883 – Glossários, vocabulários, etc.
I. Título.

09-09274　　　　　　　　　　　　　　　　　　　CDD-193

Índices para catálogo sistemático:
1. Filosofia marxista : Glossários   193

Todos os direitos desta edição reservados à
Editora WMF Martins Fontes Ltda.
Rua Conselheiro Ramalho, 330 01325-000 São Paulo SP Brasil
Tel. (11) 3293.8150 Fax (11) 3101.1042
e-mail: info@wmfmartinsfontes.com.br http://www.wmfmartinsfontes.com.br

Marx goza, ainda hoje, de uma popularidade bem singular. O marxismo, como movimento teórico e político, contribuiu para dotar seu pensamento de uma considerável notoriedade, mas popularizou-o confundindo o que lhe cabe propriamente e o que se diz sobre ele, sobre seu colaborador Engels e sobre seus herdeiros (Kaustky, Lênin...). "Em geral o que é muito conhecido é, precisamente por ser muito conhecido, não conhecido"[1], esse comentário de Hegel se aplica perfeitamente ao fundador do marxismo. De seu pensamento, geralmente só se retêm algumas palavras-chave que, curiosamente, não figuram sob sua pena: infra-estrutura, materialismo histórico, consciência de classe etc., ao passo que se ignora em geral a importância de conceitos que ocorrem com grande frequência: indivíduo, necessidade, tendência etc. Portanto, da crise do marxismo, podia-se esperar, com Althusser[2], uma leitura mais lúcida de Marx – Feuerbach teria falado de "hidroterapia", ou seja, de cura pelo banho frio, do "uso da água fria da religião natural"[3]. A derrocada do "socialismo real" efetivamente acelerou o processo de transformação de Marx em autor clássico, mas a imagem que hoje se difunde entre o público culto é tão simplista quanto a que o fi-

---

1. G. W. F. Hegel, Prefácio da *Phénoménologie de l'esprit*, trad. fr. B. Bourgeois, Paris, Vrin, 1997, p. 91.
2. L. Althusser, "Enfin la crise du marxisme!", in Il Manifesto, *Pouvoir et opposition dans les sociétés post-révolutionnaires*, Paris, Seuil, 1978, pp. 242-53.
3. L. Feuerbach, *L'essence du christianisme*, trad. fr. J.-P. Osier, Paris, Maspéro, 1982, p. 93.

nado marxismo oficial tentava propagar. O pensamento marxiano não ganhou nada com isso: a história parece tê-lo feito perder boa parte de seu interesse político e, como dele só se conhecem algumas ideias simplistas, tampouco desperta interesse teórico. Embora a função dos vocabulários dedicados a autores clássicos seja tentar tornar o pensamento deles mais familiar, talvez se deva tornar Marx um pouco menos familiar para tornar os textos que ele escreveu legíveis. Se o pensamento dele é hoje de difícil acesso, talvez seja porque foi excessivamente escrito no estilo do dicionário da filosofia marxista[4], e não o suficiente no estilo do dicionário histórico e crítico (conforme o modelo do dicionário organizado por G. Labica e G. Bensussan[5] para com o qual reconhecemos aqui nossa dívida e ao qual remetemos o leitor para eventuais aprofundamentos). Logo, no que se segue, insistiremos nos próprios termos com os quais Marx elabora suas ideias (mesmo quando são mascarados pelas traduções), bem como nas inovações, hesitações e dificuldades inscritas num certo número de conceitos centrais. O pensamento marxiano sem dúvida parecerá perder coerência, mas aparecerá sob sua própria luz, a de uma empresa crítica preocupada em remeter a luta contra a sociedade burguesa a seus fundamentos teóricos, preocupada com uma polêmica inserida no movimento da história e das lutas políticas, indiferente às sistematizações artificiais e profundamente alheia a qualquer dogmatismo.

---

4. Como exemplo dessa literatura, tomamos por referência M. Buhr e A. Kosing, *Kleines Wörterbuch der Marxistisch-Leninischen Philosophie*, Berlim, Dietz Verlag, 1.966.
5. G. Labica, G. Bensussan, *Dictionnaire critique du marxisme*, Paris, PUF, 1985 (2ª ed. revista e aumentada). Ver, também, W. F. Haug, *Historisch-kritisches Wörterbuch des Marxismus*, Berlim, Argument Verlag, 1.994 s.

ABREVIAÇÕES

OI   K. Marx, *Œuvres* (org. M. Rubel), Paris, Gallimard, Col. "Bibliothèque
OII   de la Pléiade", em 4 vols., 1965, 1968, 1982, 1994.
OIII
OIV
P   K. Marx, *Philosophie* (org. M. Rubel), Paris, Gallimard, Folio, 1994.
MK *Manuscritos de Kreuznach* (1843), citado em K. Marx, *Critique du droit politique hégélien* (trad. fr. A. Baraquin), Paris, ES, 1975.
IH   *Contribuição à crítica da filosofia hegeliana do direito. Introdução* (1844), citado em P.
QJ   *A questão judaica* (1844), citado em P.
Ms   *Manuscritos de 44* (1844), citado em K. Marx, *Manuscrits de 1844* (trad. fr. J.-P. Gougeon), Paris, Flammarion, 1996.
SF   *A sagrada família* (1845), citado em K. Marx, F. Engels, *La Sainte Famille* (trad. fr. E. Cogniot), Paris, ES, 1972.
IA   *A ideologia alemã* (1845-1846), citado em K. Marx, F. Engels, *L'Idéologie allemande* (trad. fr. H. Auger, G. Badia, J. Baudrillard, R. Cartelle), Paris, ES, 1976.
MP *Miséria da filosofia* (1847) (redigido por Marx em francês), citado em OI.
MC *Manifesto do Partido Comunista* (1848) (redigido por Marx e Engels), citado em OI.
IE   *Introdução de 1857*, citado em P.
Gr   *Grundrisse* (1857-1858), citado em OII.
AP   Prefácio da *Contribuição à crítica da economia política* (1859), citado em P.
TF   *Teses sobre Feuerbach*.
TPI *Teorias sobre o sobrevalor* (1861-1863), citado em K. Marx, *Théories sur la*
TPII *plus-value* (trad. fr. sob a responsabilidade de G. Badia), em 3 vols.,
TPIII Paris, ES, 1974, 1975, 1976.

ChI *Capítulo inédito do* "Capital" (1863-1865), citado em K. Marx, *Un chapitre inédit du* "Capital" (trad. fr. R. Dangeville), Paris, UGE, 1971.
K *O capital* (1867, 1885, 1894). Para o livro I: K. Marx, *Le Capital* (trad. fr. sob a responsabilidade de J.-P. Lefebvre), Paris, ES, 1983; para os livros II e III, publicados por Engels com base nas notas de Marx, *OII*.
G *Crítica do programa de Gotha* (1875), citado em *OI*.
C *Correspondência*. Para a correspondência, usamos como referência K. Marx, F. Engels, *Correspondence*, Paris, Édition du progrès, 1981; K. Marx, F. Engels, *Lettres sur le Capital*, Paris, ES, 1964; K. Marx, F. Engels, *Lettres sur les sciences de la nature*, Paris, ES, 1973.

Ação histórica
Al.: *Geschichtliche Aktion* – Fr.: *Action historique*

* A categoria de ação histórica, tomada de Bruno Bauer, é utilizada em diferentes oportunidades na *Sagrada família* (1845) no contexto da polêmica com Edgar e Bruno Bauer (*SF*48, 104, 109). Naquele momento, Marx insiste no fato de que é o agir e não o espírito que faz a história (*SF*101-102, 108-109, 145), que o agir histórico tem como sujeito a massa e não o indivíduo (*SF*103-104) e que as massas são atuantes na história por ocasião de episódios revolucionários. A *Sagrada família* diz a esse respeito que a Revolução Francesa pode representar "todas as grandes 'ações' da história" (*SF*104), *A ideologia alemã*, que "não é a crítica, mas a revolução que é a força motora da história" (*IA*39). Nas *Teses sobre Feuerbach*, a ação histórica, entendida no triplo sentido de atividade objetiva, social e revolucionária, será rebatizada de "atividade revolucionária, prático-crítica" (*TF*1), ou "prática revolucionária" (*TF*3).

** A análise do agir histórico permite que a *Sagrada família* sublinhe o papel motor do interesse: "a 'ideia' sempre fracassou lamentavelmente na medida em que era distinta do 'interesse'" (*SF*103). Os interesses de que fala Marx são eles mesmos a expressão de necessidades e, mais precisamente, de necessidades essenciais que "são elas mesmas os fundamentos últimos da satisfação dos povos" (*IH*, *P*93). A satisfação das necessidades fornece a motivação do agir revolucionário (*IA*285), mas, se as necessidades essenciais desempenham um papel decisivo na história, é sobretudo através da experiência negativa de sua não satisfação e da degradação (*Verworfenheit*) que ela implica. A "revolta contra a degradação" (*SF*47), a "resistência" ao movimento que conduz à "extrema degradação" (*OI*524-525, 532-533), é esse o motivo da luta revolucionária.

Embora o papel determinante caiba aos interesses, a consciência e as ideias conservam um papel decisivo (*SF*47). Donde o objetivo filosófico e político de uma "reforma da consciência", que consiste em "despertar dos sonhos que o mundo tem sobre si próprio" (*P*46), em "tornar a opressão efetiva mais opressiva ainda acrescentando-lhe a consciência da opressão" (*IH*, P93); donde a utilidade de uma organização sindical e política capaz de transformar o proletariado de "massa" em "classe para si" (*MP*, *OI*133-135). Contudo, não é tanto a consciência revoltada quanto o desenvolvimento revolucionário que fornece às lutas sua consciência adequada. É nesse sentido que a *Sagrada família* escreve que "a Revolução Francesa fez germinar ideias que levam para além das ideias de todo o antigo estado do mundo" (*SF*145), e que *A ideologia alemã* afirma que "para produzir maciçamente essa consciência comunista, assim como para fazer triunfar a própria causa, é preciso haver uma transformação que toque a massa dos homens; a qual só pode se operar num movimento prático, numa revolução" (*IA*37).

*** A análise da ação histórica evita cuidadosamente fazer intervir determinantes morais ou qualquer outra referência ao dever ser: "Não se trata de saber qual objetivo (*Ziel*) este ou aquele proletário, ou mesmo o proletariado todo, imagina momentaneamente. Trata-se de saber o que ele é e o que, em conformidade com esse ser, ele será historicamente coagido a fazer. Seu objetivo e sua ação histórica estão traçados, de maneira tangível e irrevogável, na sua própria situação, bem como em toda organização da sociedade civil atual" (*SF*48). Esse privilégio do ser sobre o dever-ser coloca o problema do antiutopismo (ver *Comunismo*) e do amoralismo de Marx[1]. A "atividade prático-crítica" não tem outra normatividade, outra "vocação" (*IA*285), senão aquela que lhe conferem as necessidades. Se a crítica teórica quer apoiar a crítica prática, deve partir da "consciência imanente" (*IA*462) do agir histórico, deve definir os objetivos de um ponto de vista "realista" (*G*, *OI*1421), partindo das molas efetivas da ação histórica. A descrição da sociedade comunista supõe, decerto, uma definição da justiça ("a cada um suas necessidades") e uma ética da individualidade (ver *Indivíduo*), mas esses elementos "éticos" não são os princípios da crítica.

1. A questão da coerência da posição marxiana é objeto, nesse ponto, de um debate cujas diferentes posições podem ser encontradas nos seguintes artigos: S. Petrucciani, "Marx and Morality. Le débat anglo-saxon sur Marx, l'éthique et la justice", in

Actuel Marx, nº 10, 1991, pp. 147-66; A. Tosel, "Marx, la justice et sa production", in *Études des sur Marx (et Engels)*. *Vers un communisme de la finitude*, Kimé, 1996, pp. 75-103; E. Renault, "Le 'problème' de la morale chez Marx", in *Philosophie*, nº 7, 1997, pp. 98-104; Y. Quinioux, "Quelle normativité pour la critique du capitalisme: éthique ou morale?", in *Actuel Marx*, nº 25, 1999, pp. 83-97.

Alienação

Al.: *Entfremdung, Entäusserung, Veräusserung* – Fr.: *Aliénation*

* Em Hegel, desapossamento (*Entäusserung*) e alienação (*Entfremdung*) designam respectivamente o devir outro que acompanha toda objetivação e o devir estranho a si numa alteridade irredutível. Marx não conserva essas nuances, como se pode ver nas definições que dá desses termos: "A alienação (*Veräusserung*) é a prática do desapossamento (*Entäusserung*), [...] na medida em que está imbuído de preconceitos religiosos, o homem só consegue objetivar seu ser fazendo dele um ser estranho (*fremd*)" (*QJ*, P87). Contudo, o tema hegeliano do desapossamento como momento necessário da realização e da conquista de si é conservado (*IH*, P106-107) (*Ms* 78, 149, 165, 178).

O uso propriamente marxiano do conceito de alienação é determinado pela interpretação feuerbachiana da religião como consciência invertida: acreditando-se finito demais para possuir os predicados infinitos (conhecimento infinito, vontade infinita, amor infinito) que o definem, o homem os atribui a um ser distinto dele e se reduz a sua simples criatura. É nesse duplo sentido de um despojamento e de uma dominação do criador por sua criatura que Marx entende a alienação nos *Manuscritos de 44*: "o objeto que o trabalho produz, seu produto, ergue-se diante dele como um ser estranho, como uma potência independente do produtor [...]; essa realização do trabalho aparece como a perda para o operário de sua realidade, a objetivação como perda do objeto, a apropriação como alienação, o desapossamento" (*Ms* 109). As inovações marxianas decorrem do fato de que a alienação religiosa é relacionada com a alienação política e social na *Introdução* de sua *Crítica da filosofia hegeliana do direito*, depois com a alienação filosófica e econômica nos *Manuscritos de 44*. A alienação cessa assim de designar a relação entre a consciência e seus objetos, para designar uma relação prática; donde a definição da alienação (*Veräusserung*) como "prática do desapossamento".

** O papel do conceito de alienação varia consideravelmente no curso da evolução do pensamento marxiano. Podem-se distinguir ao menos três problemáticas distintas: a) a da *Crítica do direito político hegeliano* e da *Questão judaica*; b) a dos *Manuscritos de 44*; e c) a da crítica da economia política. É somente no curso dos dois primeiros períodos que o conceito desempenha um papel decisivo.

a) A significação propriamente marxiana do conceito de alienação é, inicialmente, solidária da crítica da política desenvolvida em 1843. Nela, a crítica feuerbachiana da religião é transposta para a política, no contexto de uma problemática determinada pelo par conceitual alienação e emancipação. Essa primeira crítica da política é, acima de tudo, uma crítica da Revolução Francesa. Para Marx, trata-se de fazer aparecer a insuficiência de uma emancipação política que permanece "abstrata" por não se propagar para as outras facetas da vida social do homem. A objetivação da liberdade de forma separada (Estado) e dominadora (dominação da lei e da constituição) é comparada à objetivação religiosa da essência do homem em termos feuerbachianos (*MK*68-72). Essa crítica da política comporta, contudo, um momento não feuerbachiano, pois a Revolução Francesa, primeira afirmação da liberdade popular, é interpretada como um progresso decisivo. A alienação política não é concebida como a perda da dimensão fundamental da existência humana, mas como sua conquista, como a conquista da liberdade de forma separada, isto é, como uma primeira forma de emancipação, que se trata de "realizar" transformando a "emancipação política" em "emancipação humana" (*QJ*, P79).

b) Os *Manuscritos de 44* transpõem a crítica feuerbachiana da religião para a crítica da economia no contexto de uma problemática determinada pelo par conceitual alienação e apropriação (*Aneignung*). A crítica do trabalho alienado denuncia o despojamento das forças essenciais do homem e sua transformação em uma objetividade independente e dominadora (dinheiro, capital) (*Ms*109, 195), definindo ao mesmo tempo o horizonte comunista de sua reapropriação: "o comunismo como supressão positiva da propriedade privada como autoalienação humana (*menschliche Selbstenfremdung*) e, por isso mesmo, como apropriação efetiva da essência humana por e para o homem" (*Ms*144). A alienação das forças produtivas deve, portanto, ser considerada aqui como uma perda e um empobrecimento, mas esse empobrecimento subjetivo possibilita um desenvolvimento que dá à alienação a função de uma etapa necessária: "O ser humano devia ser reduzido a essa pobreza absoluta para poder engendrar sua riqueza interior partindo dele próprio" (*Ms*149).

c) A partir de *A ideologia alemã*, o conceito de alienação é quem paga a conta da "saída" marxiana da filosofia (*IA*312). O *Manifesto* ainda acusará vestígios desse conceito (*MC*, *P*431). Mesmo perdendo definitivamente sua condição de palavra-chave, a noção conserva contudo alguns usos nas diversas críticas da economia política, notadamente para descrever o processo de inversão real da essência na aparência das relações econômicas (*TPIII*591).

*** Duas tradições interpretativas fizeram do quase desaparecimento da noção argumento para contestar sua importância filosófica. A fim de relativizar o papel que ela desempenha no pensamento de Marx, o marxismo-leninismo subordinou a alienação à exploração e à contradição entre as forças produtivas e as relações de produção[1]. Quanto à escola althusseriana, ela sublinhou que a alienação está vinculada a uma problemática da essência humana que é incompatível com as teses fundamentais da concepção materialista da história[2]. Nos *Manuscritos de 44*, a alienação é, de fato, interpretada como o processo durante o qual relações sociais determinadas conduzem o homem para uma vida não conforme à sua essência. Mas essa crítica da alienação também desenvolve um tema independente de toda referência à essência humana: devido à sua finitude irredutível, a existência está sempre ligada à sua exteriorização nos objetos de que ela depende (*Ms*155-157, 170-172), de sorte que a relação a si está sempre mediada pela exterioridade e, diante de certas condições, a exterioridade pode contestar essa relação a si: "a apropriação como alienação" (Ms109).

1. Ver, por exemplo, "Entfremdung", in M. Buhr, A. Kosing, *Kleines Wörterbuch der marxistisch-leninistischen Philosophie*, Berlim, Dietz Verlag, 1975.
2. L. Althusser, "Marxisme et humanisme", in *Pour Marx*, Paris, Maspéro, 1965.

Apropriação Ver Alienação

Al.: Aneignung – Fr.: Appropriation

Ativação Ver Prática

Al.: Betätigung – Fr.: Activation

Base/Edifício

Al.: Basis/Überbau – Fr.: Base/Édifice

* No Prefácio da *Contribuição à crítica da economia política*, o par conceitual base e edifício está destinado a arraigar a vida consciente e as instituições num solo econômico: "o conjunto dessas relações de produção constitui a estrutura (*Bau*) econômica da sociedade, a base (*Basis*) real sobre a qual se eleva um edifício (*Überbau*) jurídico e político ao qual correspondem determinadas formas da consciência social" (*AP*, *P*488).

** Segundo esse texto, o materialismo de Marx comporta uma complexidade e uma flexibilidade que o par conceitual clássico (mas ausente sob a pena de Marx) infraestrutura e superestrutura já não deixa entrever. De fato, a redução à base não é apresentada a) nem como uma relação mecânica entre termos homogêneos, b) nem como uma relação direta.

a) Destacaremos, primeiramente, a natureza dos verbos que descrevem a relação entre a vida consciente, o edifício das instituições sociais e a base econômica: elevar-se (*sich erheben*), corresponder (*entsprechen*). A tese segundo a qual "o comércio material dos homens é uma emanação direta (*direkter Ausfluss*) de suas relações materiais" tampouco deve ser entendida no sentido de uma causalidade mecânica, como indicaria seu contexto imediato: "A produção das ideias, das representações, da consciência está, de início, imediatamente combinada (ou enlaçada: *verflochten*) com a atividade material e com o comércio material dos homens" (*IA*20). Mais que uma determinação unívoca, temos aqui uma condição: "o modo de produção da vida material condiciona, em geral, o desenvolvimento da vida social, política e cultural" (*AP*, *P*488). O que é próprio da concepção materialista da história é explicar o edifício das instituições e das representações por esse condicionamento econômico, sem desconsiderar o fato de que uma mudança da base econômica implica uma transformação do edifício que pode ser "mais ou menos rápida" (*P*489), e "que uma mesma base econômica (a mesma quanto a suas condições fundamentais, sob a influência de inúmeras condições empíricas diferentes, de condições naturais, de relações raciais, de influências históricas externas etc.) pode apresentar variações e nuances infinitas que somente uma análise dessas condições poderá elucidar" (*K, OII*1401). Nesse sentido, Engels dirá que as condições econômicas são determinantes apenas "em última instância" (*C* 21/09/90).

b) Destacaremos, em seguida, que a redução à base é apresentada por Marx como um empreendimento gradual. As formas da consciência social "correspondem" às relações jurídicas e políticas, estas "têm suas raízes nas condições materiais da vida", e "é na economia política que convém procurar a anatomia" delas (*P*488). Essa apresentação tem a vantagem de indicar que as formações ideológicas, as instituições jurídico-políticas e as instituições sociais não são condicionadas da mesma maneira pela base econômica.

*** Devemos considerar que os poucos textos relativos à relação da base com o edifício têm por finalidade exclusiva fornecer indicações metodológicas gerais, ou devemos interpretá-los também como os delineamentos de uma "tópica" marxiana? Apesar de suas inúmeras dificuldades, a segunda interpretação foi evocada tanto no quadro de interpretações sumariamente mecanicistas[1] quanto no quadro de interpretações estruturalistas[2]. Dentre essas dificuldades, mencionemos o problema suscitado pela localização do direito privado e da formalização jurídica das relações de propriedade. O conjunto das formulações jurídicas parece dever pertencer ao edifício jurídico-político que repousa, ele mesmo, sobre a base econômica, e, no entanto, as relações de propriedade são consideradas o determinante essencial das relações sociais de produção que definem a base econômica.

1. Ver o artigo "Basis und Uberbau" (M. Buhr, A. Kosing, *Kleines Wörterbuch der marxistisch-leninistischen Philosophie*) em que os dois conceitos são introduzidos assim: "Conceitos fundamentais da concepção materialista da história e da teoria social, que refletem as leis a que estão submetidas as relações e a ação recíproca das relações econômicas e de todas as outras relações de uma formação social."
2. Ver, por exemplo, L. Althusser, "Contradiction et surdétermination", in *Pour Marx*, Paris, Maspéro, 1965, pp. 87-128.

Capital Ver *Sobrevalor*
Al.: *Kapital* – Fr.: *Capital*

Ciência
Al.: *Wissenschaft* – Fr.: *Science*

* Interpretada por Marx como um processo dinâmico de aquisição da verdade, a ciência é, em parte, louvada pela superioridade de sua racionalidade sobre a da filosofia (*IA*21, 447) e, em parte, por seu potencial crítico e desmistificador (*C* 17/08/64), que autoriza a identificação entre ciência e crítica: os economistas clássicos serão ditos "científicos, portanto críticos" (*TPIII*581).

** A epistemologia marxiana é realista, racionalista, construtivista e pluralista. Realista, pois o que toda ciência tem de próprio é ultrapassar a aparência para apreender a essência: "toda ciência seria supérflua se a aparência e a essência das coisas se confundissem" (*K, OIII*439). Racionalista mais que empirista, pois Marx defende o valor teórico das hipóteses, mesmo quando lhes falta o fundamento empírico (ver a controvérsia de Marx e Engels a respeito de Trémaux em sua correspondência de 1866). Construtivista, pois a ciência deve proceder a uma reconstrução do real inscrevendo os fenômenos em totalidades, conforme um modelo mais próximo da *Naturphilo-*

sophie alemã que da mecânica newtoniana, de modo que a crítica da economia política pode ser apresentada como "um triunfo da ciência alemã", da "ciência no sentido alemão do termo" (*C* 12/11/58, 20/02/66). A epistemologia marxiana se caracteriza, por fim, por sua orientação pluralista. Embora os *Manuscritos de 44* conclamem à fusão de todas as ciências e da filosofia (*Ms*153-154), embora *A ideologia alemã* declare: "só conhecemos uma única ciência, a da história" (*IA*14), o Marx da maturidade irá se opor ao reducionismo científico, quer se trate das tentativas de dar uma aplicação universal à teoria darwiniana (*C* 27/06/70) ou das tentativas de matematização da economia política (*C* 06/03/80).

*** O ponto mais delicado da epistemologia marxiana refere-se à articulação dessa compreensão da ciência com a teoria da ideologia[1]. Consultando as *Cartas sobre as ciências da natureza*[2], percebe-se que a ideologia é apresentada tanto como obstáculo ao progresso da ciência quanto como o meio em que se inscrevem as disciplinas científicas: Marx e Engels sugerem, por exemplo, que é por estar habitada por elementos ideológicos que a teoria darwiniana poderá se transformar em seguida na ideologia científica que o darwinismo social é. A análise da história da economia política permite dar um passo a mais ao conceber a ideologia já não apenas como obstáculo e meio, mas também como apoio. A crer no Posfácio do *Capital*, é a própria intensificação da luta de classes que explica a transformação da economia política científica dos clássicos em uma "economia política vulgar" puramente apologética, e depois em uma "crítica da economia política" que realiza um progresso científico (*K*10-13).

1. A esse respeito, tomamos a liberdade de remeter a nosso artigo "L'histoire des sciences de la nature et celle de l'économie politique", in E. Kouvélakis, *Marx 2000*, Paris, PUF, 2000, pp. 43-60.
2. K. Marx, F. Engels, *Lettres sur les sciences de la nature*, Paris, ES, 1973.

Classes Ver *Luta de classes*
Al.: *Klassen* – Fr.: *Classes*

Comércio (entre os homens) Ver *Modo de produção*
Al.: *Verkehr* – Fr.: *Commerce (entre les hommes)*

Comunismo
Al.: *Kommunismus* – Fr.: *Communisme*

* A noção de comunismo designa em Marx um processo revolucionário (*IA*37) que culmina numa sociedade sem classes, na qual a propriedade coletiva dos meios de produção permite a um só tempo a) conquistar a democracia tirando do poder público seu caráter político (*MC*, *P*424-425), b) submeter as relações econômicas "ao poder dos indivíduos" despojando-as de sua "quase naturalidade" (*Naturwüchsigkeit*) (*IA*97), c) transformar a sociedade numa "livre associação em que o desenvolvimento de cada um é a condição do livre desenvolvimento de todos" (*P*426).

** Marx começou denominando socialismo o estágio da emancipação positivamente realizada e comunismo a fase de transição, negativa e, portanto, insuficiente da negação da propriedade privada (*Ms*157, 193-194). A partir de *A ideologia alemã*, a totalidade desse processo é que será denominada comunismo: "Para nós, o comunismo não é uma situação (*Zustand*) que deve ser criada, um ideal para o qual a efetividade tem de se dirigir. Chamamos comunismo o movimento efetivo que suprime (*aufhebt*) a situação atual" (*IA*33n). Donde a necessidade de uma distinção das diferentes fases desse processo:

1) a fase da "ditadura do proletariado", que é a da constituição do proletariado em classe dominante, do exercício do poder de Estado (e de sua transformação), a fim de abolir a propriedade privada dos meios de produção (*P*424-425) (*OI*1481); fase de "transição política", ela efetua a "transformação revolucionária" da sociedade capitalista em sociedade comunista" (*G*, *OI*1429);

2) a fase da sociedade comunista tal como acaba "de emergir da sociedade capitalista; [...] uma sociedade que sob todos os aspectos, econômico, moral, intelectual, ainda traz os estigmas

da antiga ordem em que foi engendrada" (*OI*1419): nela, as necessidades são satisfeitas à medida das "capacidades" em função de um sistema de bônus de trabalho (*OI*1420) (costuma-se chamar "socialismo" essa "primeira fase da sociedade comunista", embora jamais tenha sido designada assim por Marx e Engels);

3) a "fase superior da sociedade comunista", marcada pela supressão da divisão do trabalho, uma distribuição segundo as necessidades de cada um e o "desenvolvimento integral dos indivíduos" (*id.*)[1].

*** A definição do comunismo como movimento de autossupressão da sociedade atual é a contrapartida de uma crítica virulenta do socialismo utópico (*P*435-438). O antiutopismo marxiano repousa a) na ideia de uma teoria da continuidade do capitalismo e do comunismo e b) numa teoria da luta revolucionária.

a) Marx começou pensando essa continuidade no âmbito de uma teoria do proletariado como classe universal. A universalidade de seus sofrimentos (*IH*, *P*106-108), o fato de ele ser "privado de toda propriedade" e "expulso da sociedade" (*IA*33n, 37), submetido à dominação sem limites do capital (*MC*, *P*407-414), garante a vocação revolucionária do proletariado bem como sua contribuição para uma abolição definitiva das classes. O fracasso das revoluções de 1848 iria conduzir ao abandono desse modelo e a uma tentativa de estabelecer essa continuidade sobre uma base científica (donde a oposição engelsiana entre socialismo utópico e socialismo científico). É essa a função da conclusão do Livro Um do *Capital*. A teoria da tendência histórica da acumulação capitalista tem como objetivo apresentar a dinâmica de centralização do capital simultaneamente como uma tendência do capitalismo de superar suas próprias relações de produção e como uma prefiguração do modo de produção comunista (*K*854-857).

b) Essa teoria da continuidade entre capitalismo e comunismo permite fundar uma teoria da luta revolucionária como simples atualização das potencialidades do mundo atual. A Comuna de 1871 fornece o arquétipo disso: "Ela não tem utopias prontas a serem introduzidas por decreto. Ela sabe que para realizar sua própria emancipação [...] terá de passar por longas lutas, por toda uma série de processos históricos que transformarão completamente as circunstâncias e os homens. Não lhe compete realizar um ideal, compete-lhe somente libertar os elementos da sociedade nova que a velha sociedade burguesa que afunda carrega em seus flancos" (*GC*46). Podemos no entanto indagar se a tese da continuidade entre capitalismo e comunismo está suficientemente fundamentada, se ela é compatível com a crítica da filosofia da história desenvolvida na *Sagrada família* e em *A ideologia alemã* e se ela basta para fundar uma teoria da prática revolucionária. A partir daí, a utopia pode aspirar a um tratamento mais clemente[2].

1. As discussões sobre a respectiva importância dessas duas últimas fases são retomadas hoje nos debates sobre o papel que o mercado e o direito devem conservar numa saída do capitalismo; a esse respeito, ver J. Bidet, *Théorie générale. Théorie du droit, de l'économie et de la Politique*, Paris, PUF, 1999. Sobre o sentido da crítica marxiana do direito, permitimo-nos remeter a E. Renault, "Le droit dans la critique du droit politique hégélien", in E. Balibar, *Marx théoricien de la démocratie*, Paris, PUF, 2001, e "Doctrine marxiste du droit", in D. Alland e S. Rials (orgs.), *Dictionnaire de la culture juridique*, Paris, PUF, 2003.
2. A esse respeito, ver H. Muller, *Convoiter l'impossible*, Paris, Albin Michel, 1995, e M. Abensour, *L'utopie de Thomas More à Walter Benjamin*, Paris, Sens et Tonka, 2000.

Contradição Ver *Dialética*
Al.: *Widerspruch* – Fr.: *Contradiction*

Crítica
Al.: *Kritik* – Fr.: *Critique*

* Marx desenvolve uma crítica da filosofia hegeliana do direito, uma crítica da religião, uma crítica da política, uma crítica da filosofia, uma crítica da "crítica-crítica" dos jovens hegelianos de Berlim, uma crítica das diversas formas de socialismo e uma crítica da economia política. Pretende associar "a crítica das armas" e "as armas da crítica" (*IH*, *P*99), "a atividade prático-crítica" (*TF*1) e "a compreensão dessa prática" (*TF*8), ou ainda: "aniquilar prática e teoricamente" (*TF*4) a sociedade. Essas diferentes formulações indicam que a categoria de críti-

ca formula o problema fundamental que Marx, como teórico, tenta resolver: dar à prática revolucionária uma forma teórica adequada.

** Fazendo abstração dos textos redigidos antes de 1843[1], podemos distinguir dois grandes modelos de crítica: a) o de uma "filosofia crítica" que se propõe a "autocompreensão" (*Selbstverständigung*) da época (*P*46), b) e o da crítica da economia política.

a) Em 1843, trata-se de "conectar nossa crítica [...] à tomada de partido em política, portanto, às lutas efetivas, e de nos identificarmos com essas lutas" (*P*45). Esse objetivo é entendido como uma "reforma da consciência" (*P*46), que se aplica igualmente à religião, à política e à filosofia. De fato, essas diversas formas de consciência são concebidas a um só tempo como o "complemento ideal" (*IH, P*98) do estado de coisas existente e como a expressão de exigências que o contestam[2]. É esse o sentido das seguintes teses: a religião é o "ópio do povo" (*P*90), não se pode "suprimir a filosofia sem efetuá-la" (*P*97), "na verdadeira democracia, o Estado político declinaria" (*MK*70). A operação crítica consistirá numa "clarificação da consciência" visando a "desencantar" (*P*90), "desmistificar" (46), para extrair da consciência seu potencial utópico e tornar possível uma nova relação prática com o mundo: "veremos, então, que há muito tempo o mundo possuía o sonho de uma coisa de que lhe bastaria tomar consciência para possuí-la realmente" (*P*46).

b) Na crítica da economia política, a referência à crítica já não é motivada tanto pela necessidade de produzir uma crítica teórica da sociedade e sim pela necessidade de produzir uma teoria científica da base econômica da sociedade. Crítica não significa aqui denúncia da economia política do ponto de vista de uma teoria de substituição, mas elaboração de uma teoria científica pela análise crítica da economia política clássica: "O trabalho de que se trata [...] é a crítica das categorias econômicas [...], o sistema da economia burguesa exposto de uma forma crítica" (*C* 22/08/58)[3]. Por que a teoria científica deve adotar aqui a forma de uma crítica? De um lado, porque a ciência deve analisar as ilusões que, embora produzidas pela

21

realidade econômica, são igualmente constitutivas dessa realidade na medida em que elas condicionam a ação dos agentes econômicos. Ora, essas ilusões explicam os limites da teorização dos clássicos (ver *Fetichismo*), de modo que a teorização é, aqui, indissociável da crítica. De outro, porque o exemplo da economia política clássica indica que a ciência está sempre habitada pela ideologia, de modo que nenhum discurso pode aspirar, dogmaticamente, à verdade e que só podemos reivindicar a verdade resolvendo o problema de nossa própria relação com a história e com a política (ver *Ideologia*). É essa a empreitada de Marx no Posfácio do *Capital*. Ele explica que somente o ponto de vista do proletariado pode possibilitar a dissipação das ilusões de que os economistas clássicos são vítimas, mas que nem por isso basta para dar acesso à verdade. Resulta daí que o progresso da economia política só pode se dar sob a forma de uma crítica: a da crítica da economia política.

*** Ao situar sua teoria sob os auspícios da crítica, Marx pretendeu não só testemunhar sua dimensão política, mas expressou também uma recusa do dogmatismo (*MK*149, *P*45) e a inserção de sua proposta em determinadas conjunturas. As verdades que ele enuncia são verdades polêmicas, verdades que dependem de outros discursos[4] e de acontecimentos históricos singulares, verdades cheias de pressupostos (*IA*19-21) e de contingências, de modo que, nos Prefácios da reedição alemã e da tradução russa do *Manifesto do Partido Comunista*, Marx esclarece que sua proposta pode pretender tão somente a uma verdade provisória, de forma alguma a uma verdade definitiva (*OI*1480-1484).

1. Para uma cronologia mais precisa, ver *Marx et l'idée de critique*, Paris, PUF, 1995, e "La modalité critique chez Marx", in *Revue Philosophique*, nº 2, 1999, pp. 181-98.
2. Na sua *Philosophie de l'action*, M. Hess via no Estado e na igreja "uma antecipação da vida social unida". Marx retoma esse princípio nos *Manuscritos de 1844* (*Ms*164).
3. Sobre a posição da crítica da economia política, permitimo-nos remeter a nosso estudo, E. Renault, "Marx et les critiques de l'économie politique", in *Actuel Marx*, nº 27, pp. 153-66.
4. Sobre esse ponto, ver a bela obra de P. Loraux, *Les sous-main de Marx. Introduction à la critique de la publication politique*, Paris, Hachette, 1986.

Dialética

Al.: *Dialektik* – Fr.: *Dialectique*

* No Posfácio do *Capital*, Marx vale-se da dialética ao mesmo tempo que se distingue duplamente de Hegel (*K*17-18). Inicialmente, sublinha que somente o "método de exposição" é dialético. Essa reserva não tem como função reduzir a forma dialética a um artifício retórico, desvalorizando o método de exposição em proveito do "método de investigação". Ao contrário, Marx conta com a dialética para "expor" "o movimento real adequadamente". Essa reserva permite, contudo, lembrar, contra Hegel, que a abstração não deve substituir a análise (*MP*, *OI*74-78) e que o movimento do pensamento não pode ser confundido com o movimento da realidade (*IE*, *P*470-471), e, com Hegel, que o método não pode ser imposto de fora à matéria estudada, mas deve se submeter "à lógica específica do objeto específico" (*MK*149). Por outro lado, Marx indica que, na sua "configuração racional", a dialética é "crítica e revolucionária", "porque, na inteligência positiva do estado de coisas existente, ela inclui ao mesmo tempo a inteligência de sua negação". Em Hegel, a dialética parece, ao contrário, "glorificar o estado de coisas existente", porque ele concebe o negativo como um momento do positivo, porque ele apreende a contradição no movimento da reconciliação ou, para dizê-lo nos termos do *Manuscrito de Kreuznach*, porque ele não pensa os "opostos reais" como "extremos reais": "[em Hegel], as oposições reais nítidas, o desenvolvimento delas até a formação de extremos reais, [são] pensadas como algo que deve ser impedido ou como algo nocivo, quando, na verdade, isso nada mais é que o autoconhecimento delas, bem como a faísca que decide no combate" (*MK*146).

** Marx não cessa de definir seu próprio empreendimento como uma teoria dos "conflitos" (*Kollisionen*) (*MK*36-37; *MC*, *P*410), das "contradições" (*Widersprüche*) da sociedade de seu tempo (*Ms*140, *SF*45-48, *TF*4, *IA*59-60...). As especificidades do modo de produção capitalista não podem ser entendidas sem uma análise de suas contradições, e é da inteligência dessas contradições que depende a compreensão de seu caráter perecível e a possibilidade de uma luta revolucionária contra o velho mundo (*K*854-857). Numa mesma ordem de ideias, critica seus adversários por não darem estatuto teórico à contradição no estudo do mundo real (*TPII*597) ou, ainda, por não conceberam a contradição de maneira adequada (ver a crítica da dialética dos bons e dos maus lados em *Miséria da filosofia*, *OI*80-82).

Considera-se comumente que o pensamento marxiano é fundamentalmente dialético, já que apreende a realidade histórica do duplo ponto de vista da contradição e da totalidade[1]. Contudo, se as referências à contradição e às diversas figuras do negativo são muitas, e se encontramos igualmente referências à necessidade de um pensamento da totalidade (*IE*, *P*471), as referências positivas e explícitas à dialética são raras. Fortemente influenciado por uma releitura da *Ciência da lógica* de Hegel quando redigia os *Grundrisse*, Marx considerou o método dialético uma peça essencial da crítica da economia política, a ponto de projetar a redação de uma crítica da dialética hegeliana: "se, um dia, eu porventura tiver de novo tempo para esse tipo de trabalho, teria muita vontade, em duas ou três folhas, de tornar acessível aos homens de bom senso o fundamento racional do método que Hegel descobriu, mas, ao mesmo tempo, mistificou" (*C* 14/01/58). A análise das diversas versões da crítica da economia política dos *Grundrisse* ao *Capital* mostra, contudo, que os esquemas dialéticos herdados de Hegel desempenham um papel cada vez menos determinante[2], e não é certo que o pensamento de Marx possa ser dito dialético a não ser num sentido muito geral.

*** No Posfácio do *Capital*, Marx apresenta seu próprio uso da dialética como uma "inversão" e como a extração de um "núcleo racional": "A mistificação que a dialética sofreu nas mãos de Hegel de forma nenhuma impede que ele tenha sido o primeiro a expor suas formas gerais de movimento de maneira global e consciente. Cumpre invertê-la (*umstulpen*) para descobrir o núcleo racional sob a envoltura mística." Pode-se relacionar essas metáforas com formulações da correspondência: "meu método de exposição não é o de Hegel, porque eu sou materialista e Hegel, idealista. A dialética de Hegel é a forma fundamental de toda dialética, mas somente depois de a termos livrado de sua forma mística" (*C* 06/03/68). Portanto, em Marx a dialética seria apenas uma versão (materialista) da dialética hegeliana?[3] Será assim que Engels entenderá as coisas na *Dialética da natureza* ao procurar elaborar uma "dialética materialista" buscando em Hegel certo número de "leis dialéticas" e interpretando-as como leis da matéria[4]. Também *O capital* poderá ser interpretado como a "aplicação" do "método dialético" "aos fatos de uma ciência empírica, a economia política"[5]. Não tinha Marx recusado de antemão esse tipo de interpretação numa carta endereçada... ao próprio Engels: "[Lassale] espera expor a economia política à maneira de Hegel. Mas ele passará pela aflição de constatar que uma coisa é reduzir uma ciência, por meio da crítica, a um nível que permita expô-la dialeticamente e outra, completamente diferente, é aplicá-la a um sistema lógico abstrato" (*C* 01/02/58)?

1. Ver, por exemplo, G. Lukács, "Qu'est-ce que le marxisme orthodoxe?", in *Histoire et conscience de classe*, Paris, Minuit, 1960, pp. 17-45.
2. J. Bidet, *Que faire du Capital*, Paris, Klincksieck, 1985, pp. 149-70.
3. Sobre essa questão, L. Althusser, "Sur le rapport de Marx à Hegel", in J. D'Hondt, *Hegel et la pensée moderne*, Paris, PUF, 1970, pp. 85-111, e "Avant-propos", in G. Dumesnil, *Le concept de loi économique dans "Le capital"*, Paris, Maspéro, 1978, pp. 7-33.
4. F. Engels, *Dialectique de la nature*, Paris, ES, 1952, pp. 69-74.
5. *Ibid.*, p. 53.

Ditadura do proletariado Ver *Comunismo*

Al.: *Diktatur des Proletariats* – Fr.: *Dictature du prolétariat*

Emancipação Ver *Alienação*

Al.: *Emanzipation* – Fr.: *Émancipation*

Estado Ver *Comunismo* e *Política*

Al.: *Staat* – Fr.: *État*

Exploração Ver *Sobrevalor*
Al.: *Ausbeutung* – Fr.: *Exploitation*

Fetichismo da mercadoria
Al.: *Warenfetischismus* – Fr.: *Fétichisme de la marchandise*

* Marx explica a opacidade própria ao modo de produção capitalista pelo fato de que, na troca, "as relações entre os produtores [...] adotam a forma de uma relação social entre os produtos do trabalho" (*K*82). Se o valor, enquanto quantidade de trabalho socialmente necessário, exprime uma relação social determinada (ver *Valor*), o valor de troca, forma fenomenal do valor, tende a apresentar o valor como uma qualidade que as coisas possuiriam "por natureza". Portanto, para os produtores as relações que governam as trocas aparecem como relações independentes. Embora o caráter social de seu trabalho seja a origem dessas relações, eles, ao contrário, acabam por considerar que é apenas porque se submetem a essas relações que seu trabalho adquire seu caráter social (*K*83).

** A análise do fetichismo persegue um duplo objetivo. Tem primeiramente como função fornecer a teoria da face subjetiva dos fenômenos econômicos: as ilusões que guiam os agentes na troca. Ao descrever a gênese do "fetiche mercadoria" e do "fetiche dinheiro", ela torna possível explicar, notadamente, que o valor possa ser buscado por ele mesmo, e não só pelo valor de uso, no processo da produção capitalista. Há nisso um fenômeno circular, pois é somente a produção para a produção de sobrevalor (A-M-A'), e a generalização da forma mercadoria que ela implica, que torna o fetichismo possível (*K*84). Se considerarmos, com Marx, que a crença fetichista na existência de um valor intrínseco à coisa é constitutiva da mercadoria ("é esse quiproquó que faz que os produtos do trabalho se tornem mercadorias, coisas suprassensíveis", *K*83), poderemos dizer que forma mercadoria, fetichismo e capital se pressupõem reciprocamente (*ChI*75-82). Os três constam do Livro Um do *Capital*, que tem como objeto o "processo de produção do capital" (subtítulo), a própria noção de processo designando "um desenvolvimento considerado no conjunto de suas condições reais" (*K*200n.).

A análise do fetichismo também tem como função explicar as ilusões de que a economia política clássica permanece vítima. Ao propor uma teoria do valor trabalho, esta última se esforça para dissolver as aparências com que a "economia vulgar" se satisfaz. Mas ela não consegue resolver o problema suscitado pela relação do trabalho com as formas fenomenais do valor (*K*54, 92-93n.). Reproduz, assim, na sua teoria do valor, "a aparência objetiva das determinações sociais do trabalho" (*K*94) e tende, por conseguinte, a transformar as leis econômicas em "necessidades naturais" (*K*93).

Assim desenvolvida em *O capital*, a análise do fetichismo permite efetuar um duplo deslocamento em relação à concepção da ideologia proposta em *A ideologia alemã*. De fato, em ambos os casos, trata-se de dar conta do efeito de certas ilusões sobre a prática – Marx fala por vezes de "ilusões práticas" (*MK*91, 104) ou de "ilusão real" (*MK*151) –, contudo, aqui, essas ilusões já não são idealidades que dominam a vida real de fora, mas representações totalmente imanentes às interações econômicas de que elas são simultaneamente as condições e o produto: "são formas de pensamento que têm validade social e, portanto, uma objetividade para as relações de produção desse modo de produção social historicamente determinado" (*K*87).

*** Pode-se avaliar a riqueza da teoria do fetichismo pela grande variedade de seus desdobramentos filosóficos e sociológicos. Com Lukács, podemos considerar que Marx propõe aqui uma teoria da "reificação" (*Verdinglichung*), ou seja, da tendência do capitalismo a petrificar todas as coisas, inclusive a ação humana, numa objetividade coisal[1]. Inversamente, podemos considerar que Marx abre aqui caminho para o estruturalismo ao propor uma gênese da subjetividade "como parte (e contrapartida) de um mundo social da objetividade"[2]. Mencionemos, por fim, o fato de que uma das conclusões sociológicas mais gerais do *Capital* resulta da análise do fetichismo: a racionalização capitalista do mundo não produz um mundo desencantado, ao contrário do que afirmará Weber, mas um mundo povoado de "fantasmagorias" (*K*83) mercantis³.

1. G. Lukács. *Histoire et conscience de classe*, pp. 110-41.
2. E. Balibar, *La philosophie de Marx*, Paris, La Découverte, 1993, p. 66.
3. Para uma análise dessas fantasmagorias, ver, por exemplo, W. Benjamin, *Paris. Capitale du XIXᵉ siècle*, Paris, Cerf, 1989.

Filosofia (efetuação da —/saída da —)

Al.: *Philosophie (Verwirklichung der) —/Ausgang der —*
— Fr.: *Philosophie (effectuation de la —/sortie de la —)*

* A crítica marxiana da filosofia oscila entre dois modelos, o da "efetuação" (*Verwirklichung*) da filosofia por sua "supressão" (*Aufhebung*) e o da saída (*Ausgang*) da filosofia. O primeiro modelo, que se inspira no conceito feuerbachiano de "reforma da filosofia", implica a transformação da filosofia em uma "filosofia crítica" (*P*46) que permanece filosófica ("supressão" deve, portanto, ser tomado aqui no duplo sentido que Hegel dava à noção de *Aufhebung*, negação e conservação). O segundo modelo, herdeiro da problemática stirneriana do fim da filosofia¹, implica uma substituição da filosofia pela ciência empírica: "Aí é onde cessa a especulação, é na vida real que começa, portanto, a ciência real, positiva" (*IA*21).

** O conceito de reforma da filosofia designa em Feuerbach o projeto de uma introdução da "não filosofia" no texto da filosofia². Nos textos dos *Anais franco-alemães*, Marx retoma esse projeto identificando a não filosofia com o impensado histórico da filosofia³. Na carta a Ruge de setembro de 1843, a reforma da filosofia é apresentada como uma "secularização" (*Verweltlichung*) (*P*43) da filosofia, que consiste a um só tempo numa "tomada de partido em política" (*P*45), numa "autocompreensão" (*Selbsverständigung*) das lutas da época e numa "reforma da consciência" (*P*46). Na *Introdução à Crítica da filosofia hegeliana do direito*, essa compreensão da secularização da filosofia é aplicada à problemática jovem hegeliana da efetuação da filosofia. Efetuar a filosofia seria realizar um mundo totalmente racional. Deve-se considerar que a filosofia pode, por si só, se fazer mundo, porque ela é a própria prática dela mesma, como afirmava B. Bauer?[4] Deve-se considerar, ao contrário, que as lutas políticas não têm nenhuma necessidade da filosofia, como afirmavam algumas correntes socialistas? Convém, isso sim, associar entre si crítica filosófica e crítica prática, o que supõe ao mesmo tempo uma conservação e uma negação da filosofia: não se pode nem efetuar a filosofia sem suprimi-la, nem suprimi-la sem efetuá-la (*IH*, *P*97-98).

Os *Manuscritos de 44* identificarão a "essência da filosofia" à "alienação (*Entäusserung*) do homem sabendo a si próprio ou à ciência alienada pensando a si própria" (*Ms*166), ao "espírito alienado (*entfremdet*) do mundo pensando no interior de sua autoalienação (*Selbstentfremdung*), ou seja, apreendendo-se abstratamente" (*Ms*162), e convocarão para uma superação dessa alienação numa "teoria efetiva e positiva" (*Ms*193) concebida com base no modelo das ciências da natureza: "Posteriormente, tanto as ciências da natureza subsumirão a ciência do homem quanto a ciência do homem subsumirá as ciências da natureza: só haverá uma ciência" (*Ms*154). Esses textos permitem decidir entre as várias interpretações da famosa tese: "Os filósofos só interpretaram o mundo diferentemente, o que importa é mudá-lo." Mesmo que as *Teses sobre Feuerbach* destaquem a necessidade da conjunção da prática com a teoria (*TF*4) em termos que evocam a *Introdução*, a 11ª tese deve ser considerada mais como uma das primeiras ocorrências do tema da saída da filosofia do que como a derradeira formulação da filosofia crítica.

A crer em *A ideologia alemã*: "deve-se sair [da filosofia] de um salto e pôr-se a estudar a realidade como homem comum" (*IA*234). Ao partir da antítese entre ideologia e verdade científica, Marx reduz a filosofia à ideologia, instalando ao mesmo tempo sua postulação sob os auspícios de uma ciência que conta com a ancoragem empírica para descrever os efeitos da história sobre o pensamento e, desse modo, para anulá-los.

*** O lugar que sobra para a filosofia no marxismo é objeto de várias controvérsias, que giram principalmente em torno da interpretação da crítica da economia política. Se considerarmos que ela é o ato de nascimento de uma nova ciência que se tornou possível por uma ruptura com a ideologia filosófica (Althusser[5]), seremos levados a fazer de *A ideologia alemã* o momento decisivo da obra marxiana e a interpretar as relações entre ciência e filosofia de acordo com o modelo proposto em 1846: "Uma vez a realidade exposta, a filosofia deixa de ser exposta de forma autônoma. No seu lugar, poder-se-á pôr, no máximo, uma síntese dos resultados mais gerais que possam ser abstraídos do estudo do desenvolvimento histórico dos homens" (*IA*21). Se, ao contrário, interpretarmos a crítica da economia política como uma crítica da alienação, ficaremos tentados a ver nela a aplicação de uma filosofia da emancipação social (Rubell[6]) ou de uma filosofia dialética (Lukács[7]), que encontram nos *Manuscritos de 44* uma de suas formulações mais explícitas. Se, ao contrário, insistirmos na superação e na conservação da filosofia pela crítica da economia política, veremos, antes, na *Introdução* da *Crítica da filosofia hegeliana do direito* (Korsch[8]) o texto que torna possível descrever melhor a relação entre filosofia e ciência no pensamento marxiano da maturidade.

1. M. Stirner, *L'unique et sa propriété*, Lausanne, L'Âge d'homme, 1972, p. 404: "O único quer somente ser a derradeira e moribunda enunciação (predicado) sobre Tu e sobre Eu, quer ser somente essa enunciação que se converte em visada: uma enunciação que permanece interdita, muda."
2. Ver, por exemplo, L. Feuerbach, "Thèses provisoires pour la reforme de la philosophie", § 45, in *Manifestes philosophiques*, Paris, PUF, 1973, p. 116: "A filosofia tem de introduzir no texto da não filosofia a parte do homem que não filosofa, mais que isso, que é contra a filosofia."
3. A respeito disso, ver G. Labica, *Le statut marxiste de la philosophie*, Bruxelas, Complexes, 1976, pp. 82-96.
4. A respeito de Hegel, B. Bauer escreve: "Sua teoria era, em si mesma, prática" (*La trompette du jugement dernier contre Hegel, l'athée et l'antéchrist. Un ultimatum*, Paris, Aubier Montaigne, 1972, p. 104).
5. L. Althusser, "Du *Capital*, à la philosophie de Marx", *Lire le Capital*, pp. 3-79.
6. Ver, por exemplo, M. Rubel, L. Janover, "Marx philosophe critique de la philosophie", in K. Marx, *Philosophie*, Paris, Gallimard, 1994, pp. I-XXXIII.
7. G. Lukács, *Histoire et conscience de classe*, Paris, Minuit, 1960.
8. K. Korsch, *Marxisme et philosophie*, Paris, Minuit, 1964.

Forças produtivas Ver *Modo de produção*
Al.: *Produktivkräfte* – Fr.: *Forces productives*

História Ver *Luta de classes* e *Modo de produção*
Al.: *Geschichte* – Fr.: *Histoire*

Ideologia
Al.: *Ideologie* – Fr.: *Idéologie*

* Ao conceber a ideologia como "a linguagem da vida real" (*IA*20), o objetivo de Marx é explicar as idealidades por seu contexto histórico e desvelar ao mesmo tempo suas relações ambíguas com a política e a história. O conceito de ideologia é, com efeito: a) o do condicionamento das idealidades por interesses materiais (*IA*168, 172); b) o da dimensão política da consciência e da teoria (as idealidades aparecem como meio de garantir a dominação de uma classe sobre outra) (*IA*44-45); c) o de uma denegação do político (trata-se de mascarar uma dominação dando uma forma universal aos interesses particulares de uma classe) (*IA*46); d) o de uma inversão anistórica e idealista que encontra sua expressão mais pura na filosofia especulativa da história (esta explica o curso da história por ideais anistóricos, ao passo que as ideias se explicam pela história) (*IA*10, 14, 45, 83...). Logo, a ideologia pode ser identificada às ideias dominantes no sentido das ideias dominantes numa determinada época, no sentido das ideias que produzem uma dominação e no sentido das ideias que justificam uma dominação (*IA*9, 44-45).

** Em *A ideologia alemã*, o conceito de ideologia insere-se em duas oposições rígidas: a da ciência e da ideologia e a da ideologia e do proletariado. Porque Marx ocupa conjuntamente o ponto de vista do proletariado e de uma "ciência da história" é que ele pode pretender identificar a ideologia às "ideias falsas" que os homens criaram de si próprios (*IA*9). O proletariado já não sendo uma "classe", mas uma "massa", está destituído de interesse particular (*IA*37) e, portanto, de ideologia (*IA*41). Ele torna possível uma atitude teórica e crítica com respeito à sociedade, que poderá se nutrir do enraizamento empírico da ciência (*Ms*154, *IA*20-21) e da "crítica leiga" (*IA*288) que ela torna possível[1].

Marx logo tomará consciência do caráter insustentável dessas oposições. Objeto de uma dominação ideológica, o proletariado não pode ser destituído de ideologia. *Miséria da filosofia* e *Manifesto* proporão implicitamente uma outra concepção da ideologia ao afirmar que o proletariado ainda não é uma "classe para si" (*OI*135) e que, fornecendo "aos proletários os elementos de sua própria cultura, [a burguesia] põe nas mãos deles armas contra ela" (*P*411). Quanto à dimensão ideológica da ciência, ela justificará a crítica da economia política.

*** Sob efeito de suas próprias aporias internas, a noção de ideologia desaparece definitivamente depois de *A ideologia alemã*, e muitos de seus temas se veem corrigidos ou reformulados pela teoria do fetichismo[2]. Pode-se, contudo, considerar *O capital* como o prolongamento das reflexões iniciadas por *A ideologia alemã*. Nele, Marx passa de uma simples crítica da ideologia para uma verdadeira teoria da ideologia, em que a análise do fetichismo se combina com a do condicionamento das idealidades pelos interesses sociais[3].

1. Sobre a definição da ideologia em *A ideologia alemã*, ver E. Balibar, *La philosophie de Marx*, pp. 34-55, e I. Garo, *Marx, une critique de la philosophie*, Paris, Seuil, 2000, pp. 57-80.
2. Sobre o destino do conceito em Marx e Engels, ver E. Balibar, "La vacillation de l'idéologie dans le marxisme", in *La crainte des masses*, Paris, Galilée, 1997, pp. 173-278.
3. Ver, a esse respeito, J. Bidet, *Que faire du Capital*, pp. 171-99, e E. Renault, *Marx et l'idée de critique*, pp. 93 ss.

Ilusão prática Ver *Fetichismo da mercadoria*
Al.: *Praktische Illusion* – Fr.: *Illusion pratique*

Indivíduos
Al.: *Individuen* – Fr.: *Individus*

* Junto com a categoria de necessidade, a categoria de indivíduo é a peça fundamental da antropologia marxiana. Seu sentido está estabelecido pela fórmula dos *Manuscritos de 44*: "o indivíduo é o ser social (*gesellschaftliche Wesen*)" (*Ms*147) e pela sexta das *Teses sobre Feuerbach*: "a essência humana não é uma abstração alojada (*inwohnendes Abstraktum*) no indivíduo singular. Na sua efetividade, ela é o conjunto das relações sociais". Ao definir assim a individualidade pelas relações sociais, Marx persegue um duplo objetivo. Por um lado, opõe-se a toda substancialização da dimensão comunitária da existência humana: "deve-se sobretudo evitar definir a sociedade como uma abstração em face do indivíduo" (*Ms*14-7); donde a crítica do "espírito" hegeliano e do "gênero" feuerbachiano (*TF*6); donde a desconfiança em relação ao uso da categoria de homem (*IA*72). Por outro lado, contra Stirner e as diferentes formas de individualismo, ele contesta que os indivíduos sejam comparáveis a átomos (*SF*146-147) completamente independentes uns dos outros e que dispõem por si próprios de uma completa autonomia (*IA*63, 481).

** Embora convenha sublinhar que a humanidade consiste apenas em indivíduos, nesse "numeroso um" que Marx opunha ao espírito hegeliano (*MK*64), embora se possa até chegar a atribuir aos indivíduos uma "autonomia original (*ursprüngliche Selbständigkeit*)" (*QJ*, *P*73), convém igualmente denunciar o individualismo como uma ilusão ligada à forma especificamente capitalista do processo de troca (*K*100) e a uma diferenciação social que oferece à burguesia a possibilidade de distinguir "entre a vida de cada indivíduo na medida em que ela é pessoal e na medida em que está subsumida num ramo qualquer do trabalho" (*IA*63). Reencontramos esse duplo movimento de defesa do indivíduo contra os universais abstratos e de recusa de sua absolutização na reflexão sobre a natureza da história e da sociedade. Marx ataca as robinsonadas* que compreendem a sociedade como uma agregação de comportamentos individuais independentes (*IE*, *P*446-447) e insiste no fato de que os indivíduos estão sempre "subsumidos" em relações sociais determinadas (*IA*61-62). Mas contesta igualmente que as relações sociais possam existir independentemente dos indivíduos que as portam: "portanto, quando falamos da produção, trata-se sempre da produção num determinado estágio da evolução social – da produção de indivíduos vivos em sociedade" (*P*448). É certo que existem fenômenos sociais que se impõem ao indivíduo e definem sua existência, mas estes não têm existência própria fora das ações individuais que eles condicionam. De fato, é a individualidade que é princípio, mas uma individualidade condicionada pelas relações sociais: "Indivíduos que produzem em sociedade – portanto, uma produção de indivíduos socialmente determinada, este é, naturalmente, o ponto de partida" (*I*, *P*445-446). Ao conceber os indivíduos como existências subsumidas em relações sociais e ao analisar a sociedade como a ação socialmente determinada de indivíduos singulares, Marx evita tanto a alternativa entre individualismo (o todo se explica pelas partes) e organicismo (as partes se explicam pelo todo) como aquela entre nominalismo (existem tão somente singulares) e realismo (os universais são reais por si sós)[1].

A teoria marxiana da individualidade comporta também uma dimensão ética que a leva a uma crítica das formas de individualidades associadas às formações sociais passadas e presentes. Em nome do princípio hessiano segundo o qual o verdadeiro indivíduo ainda não está constituído[2], Marx concebe as diversas formas históricas de individualidade como individualidades irrealizadas ou contingentes e o comunismo como a instituição do indivíduo "como indivíduo" (*IA*65, 70-71) ou do "indivíduo pessoal": "A diferença entre o indivíduo pessoal e o indivíduo contingente não é uma distinção conceitual e sim um fato histórico" (*IA*66). A individualidade permanece "contingente" enquanto permanece limitada, abstrata ou, até, muito simplesmente, desmantelada. As relações sociais em vigor induzem uma individualidade "fixa" (*MK*85), "espíritos fixos" (*Ms*182), uma existência "unilateral" (*einseitig*) (*IA*67) ou "limitada" (*IA*71), um "indivíduo limitado, limitado a si" (*das beschränkte, an sich beschränkte Individuum*), pois, ao subsumir a atividade num determinado ramo da divisão do trabalho, ao reduzir o indivíduo ao "indivíduo médio" (*Durchschnittsindividuum*) (*IA*65), elas constituem "entraves" (*IA*67) para o livre desenvolvimento da individualidade. Delas resultam também "indivíduos abstratos", porque, ao autonomizar as forças produtivas num mundo próprio, a propriedade privada dos meios de produção "tira deles todo conteúdo efetivo de sua vida" (*IA*71). Finalmente, todos os meios que visam a aumentar a produção "mutilam o produtor [...], degradam-no à condição de acessório da máquina" (*K*720), privam o proletário "de qualquer aparência de autoativação (*selbsbetätigung*)" (*IA*71). Caberá ao comunismo, ao contrário, a responsabilidade de desenvolver as "forças essenciais do gênero", ou as "disposições" (*Anlagen*) e as "faculdades" (*Fähigkeiten*) dos indivíduos. O desenvolvimento das forças produtivas já é uma "ativação" dessas "forças essenciais" (*Ms*165, 170, 172), dessas "faculdades" e dessas "disposições" (*IA*66-67). Resta ainda abolir a propriedade privada dos meios de produção para reapropriá-los e alcançar a "autoativação" que define o indivíduo como "indivíduo" (*IA*70-71). O comunismo fornecerá ao indivíduo os meios para "exercer onilateralmente suas disposições" (*seine Anlagen nach allen Seiten hin auszubilden*) (*IA*62), tornará possível uma "autoativação completa" que consiste em "um desenvolvimento de uma totalidade de faculdades" (*IA*70-71); daí as categorias de "homem total" (*Ms*147-148) e de "indivíduos completos" (*IA*72). A antítese limitado/completo continuará sendo usada em *O capital*. Nessa obra, Marx acusará o capitalismo de reduzir o proletário a um "homem fragmentado" (*K*720) e evocará a necessária "substituição do indivíduo fragmentado, simples suporte de uma função social sem importância, por um indivíduo completamente desenvolvido, para o qual as diversas funções sociais são diversos e sucessivos modos de atividade" (*K*548).

*** Se a teoria das necessidades e a definição da individualidade esboçam uma antropologia da finitude, a ética da individualidade parece, ao contrário, estar ligada ao que se pode chamar de metafísica do sujeito absoluto[3]. Enquanto a antropologia marxiana insiste no condicionamento de toda individualidade pelas relações sociais que a subsumem, a definição do comunismo como autoativação completa supõe, ao contrário, uma libertação de todo condicionamento sócio-histórico, um "controle" total dos indivíduos sobre as tradições (*IA*67) e sobre as relações sociais que os constituem, controle que "torna impossível tudo o que existe independentemente dos indivíduos" (IA65). Temos aqui o exemplo das dificuldades que Marx enfrenta para dar do comunismo uma definição compatível com as teses fundamentais de sua filosofia social[4].

* Isto é, as ideologias da autossuficiência que pregam que o indivíduo pode criar e produzir tudo o que precisa, independentemente da sociedade, como o Robinson Crusoé, de Daniel Defoe. Sobre isso, ver K. Marx. "Introdução à crítica da economia política", in *Para a crítica da economia política*. São Paulo, Abril Cultural, 1974, pp. 109-10. [N. do R.T.]
1. A esse respeito, ver E. Balibar, *La philosophie de Marx*, pp. 28-34.
2. M. Hess, "Philosophie de l'action", in G. Bensussan, *Moses Hess, la philosophie, le socialisme*, Paris, PUF, 1985, pp. 173-97. Citamos aqui a p. 183: "O verdadeiro indivíduo – o espírito consciente de si, o homem livre, o universal real – ainda não estava constituído."
3. A esse respeito, ver A. Tosel, "Auto-production de l'homme ou communisme de la finitude?", *op. cit.*, pp. 23-47.
4. Sobre essa questão, J. Robelin, *Marxisme et socialisation*, Paris, Méridens Klincksieck, 1989.

Lei tendencial

Al.: *Tendenzielgesetz* – Fr.: *Loi tendantielle*

* *O capital*, cujo objetivo é enunciar "a lei natural da produção capitalista" (K5), dá à mais importante de suas leis (a lei da queda tendencial da taxa de lucro) a forma de uma "lei tendencial". Esta enuncia uma "tendência" "cuja realização integral é detida, tornada mais lenta e mais fraca por causas que a contrariam" (OIII1017). O desenvolvimento linear dessa tendência é constantemente contrariado por esses diferentes fatores e, assim, transformado em um desenvolvimento em espiral no qual os ciclos se encadeiam sobre bases cada vez mais largas.

** A "tendência" e o "retardo", assim como o "processo" (K200), as "metamorfoses" (K70, 118-120) e os "membros intermediários" (TPII183-185, TPIII589) pertencem ao vocabulário da *Naturphilosophie* dinamista de Schelling. Marx se propõe fazer um estudo dinâmico do capitalismo, não só porque quer descobrir as leis de seu devir histórico, mas também porque o interpreta mais como uma atividade autoprodutiva do que como uma substância ou uma estrutura: "a sociedade atual não é um cristal definitivamente solidificado, mas um organismo passível de mutação e constantemente inserido em um processo de mutação" (K7). É dessa problemática que subordina o real à sua produção que provém a teoria da reprodução simples e ampliada. A teoria da reprodução simples (K635-648) estabelece que o capitalismo institui-se a si próprio reproduzindo constantemente suas próprias condições. A teoria da reprodução ampliada (K649-685) acrescenta que a dinâmica específica da produção de sobrevalor o leva a se reproduzir sobre bases cada vez mais largas e sob formas sempre modificadas, gerando as diferentes tendências (à pauperização, à concentração do capital, ao aumento da composição orgânica do capital etc.) que *O capital* descreve.

*** Aos economistas que entendem as leis da produção capitalista como as leis eternas da atividade econômica (MP, OI88-89), Marx opõe que o modo de produção capitalista só pode subsistir enquanto conseguir reproduzir suas próprias condições e que essa reprodução está condenada a terminar pelas contradições que ela engendra. Embora Marx formule assim uma condenação "científica" do capitalismo, fundamenta-a apenas sobre o estudo de uma tendência que pode, ela mesma, ser retardada ou acelerada pelas lutas de classes. Por isso, não cabe nem subordinar a luta política às leis econômicas (é a interpretação que foi denominada de "economicismo"), nem opor a revolução ao *O capital*, como Gramsci[1].

1. A. Gramsci, "La révolution contre Le Capital", in *Textes*, pp. 43-7.

Luta de classes

Al.: *Klassenkampf* – Fr.: *Lutte des classes*

*De acordo com a *Miséria da filosofia*, a história sempre avança pelo "lado ruim" (OI89), um lado ruim chamado "luta de classes". De fato, o *Manifesto do Partido Comunista* explica que "a história de toda sociedade até nossos dias é a história da luta de classes" (P399). Em cada sociedade, a ou as classes dominadas lutam contra uma classe dominante para garantir a dominação para si e submeter a sociedade toda (P412). Se as lutas de classes têm, assim, um papel explicativo universal é porque a concepção materialista da história remete o processo histórico a dois fatores: o fator objetivo da dialética das forças produtivas e das relações sociais de produção (ver *Modo de produção*) e o fator subjetivo da luta de classes. A função determinante cabe ao fator objetivo, já que as próprias classes se definem pelas relações sociais de produção, mas a transição revolucionária se explica pela maneira como a luta de classes intervém na contradição entre forças produtivas e relações sociais de produção: "a burguesia não só forjou as armas que a levarão à morte; ela também produziu os homens que manejarão essas armas – os trabalhadores modernos, os proletários" (*P*407).

** As dificuldades do conceito de luta de classes devem-se às modalidades de articulação desse momento objetivo com esse momento subjetivo, articulação cujo lugar é a própria noção de classe.

Segundo um princípio geral, a teoria marxiana relaciona as classes com as relações sociais de produção. Nesse sentido é que o *Manifesto* define a oposição entre burguesia e proletariado pelo antagonismo entre capital e trabalho. *O capital* complica esse esquema fazendo intervir as relações de distribuição, donde a distinção de três classes que correspondem a três tipos de renda: o proletariado, a burguesia e os proprietários de terra. Quanto aos textos históricos como *As lutas de classes na França* ou *O 18 Brumário de Luís Bonaparte*, a análise que eles fazem do desenrolar efetivo da luta de classes os leva a distinguir seis ou sete classes ou frações de classes (aristocracia financeira, burguesia industrial, pequena burguesia, classe operária, lumpemproletariado, pequenos camponeses, grandes proprietários de terra) e a fazer intervirem elementos como as "condições econômicas", o "gênero de vida", os "interesses", a "cultura" e os "modos de pensar e concepções filosóficas particulares" transmitidas "pela tradição ou pela educação" (*OIV*464, 532-533). Chega-se, assim, a uma teoria das classes bastante distante da tese segundo a qual a sociedade burguesa é o resultado de uma luta da burguesia contra a sociedade feudal que "simplificou" os antagonismos de classes: "A sociedade se divide cada vez mais em dois grandes campos inimigos, em duas grandes classes que se enfrentam diretamente: a burguesia e o proletariado" (*MC, P*399-400). Se, por seu lado, o *Manifesto* tem como objetivo designar um antagonismo irredutível (um "antagonismo hostil", *P*440, uma "guerra", *P*394, 413) e o horizonte de uma universalização das lutas locais (*P*410), os textos históricos, por outro, levam ao estudo das "coalizões" de classes (*OIV*466) sem deixar de insistir na importância de fatores que dão às lutas um caráter local. Marx parece, ademais, hesitar entre duas representações da relação de classes e da luta de classes. Com efeito, em *A ideologia alemã* (*IA*93) e na *Miséria da filosofia* (*OI*134-135), a luta de classes é a condição da constituição das classes (representação relacional das classes), ao passo que em *O 18 Brumário* a constituição em classe é a condição da luta de classes (representação substancial das classes) (*OIV*532-533). Se acrescentarmos que "não se encontra [...] uma verdadeira teoria das organizações da luta de classes", podemos concluir com Althusser que falta à teoria marxiana uma teoria "completa" da luta de classes[1].

*** Numa carta a Weydemeyer datada de 5 de março de 1852, Marx precisa: "não é a mim que cabe o mérito de ter descoberto a existência das classes na sociedade moderna e tampouco da luta a que elas se entregam". Com efeito, a definição das classes pela distribuição é de praxe em economia política; quanto à ideia da permanência de um antagonismo de classe na história, ela figura na *Exposition de la doctrine saint simonienne* de 1829. O que cabe propriamente a Marx é, de um lado, ter utilizado o tema da luta de classes no âmbito de uma crítica da política e de ter tirado daí uma definição do que a política é na sua forma não mistificada: segundo o *Manifesto*, "toda luta de classes é uma luta política" (*P*410), e *Miséria da filosofia* esclarece que "o poder político é precisamente o resumo oficial do antagonismo na sociedade civil" (*OI*136) (ver *Política*). A Marx cabe, de outro lado, ter apostado na própria luta de classes para suprimir o antagonismo de classe e ter proposto uma teoria dessa autossupressão[2].

1. L. Althusser, "Enfin la crise du marxisme!", in *Pouvoir et opposition dans les sociétés post-révolutionnaires*, Paris, Seuil, 1978, pp. 242-53, citações nossas pp. 251 e 248. Ver também a esse espeito E. Balibar, verbetes "Classes" e "Lutte des classes", in G. Bensussan e G. Labica, *Dictionnaire critique du marxisme*.

2. Como mostra Foucault em "Il faut défendre la société", Paris, Seuil/Gallimard, 1997 [trad. bras.: *Em defesa da sociedade*, São Paulo, Martins Fontes, 2000], a tradição das identificações entre guerra e política, que surge nos séculos XVI e XVII, se caracteriza por 1) seu historicismo, não sendo a política nada mais que a história infinita das lutas, 2) seu materialismo: "é um discurso que inverte os valores [...] que postula, que pede a explicação por baixo", 3) uma concepção binária da sociedade e 4) sua oposição ao discurso filosófico-jurídico. O discurso político de Marx se inscreve nessa tradição. Foucault considera, contudo, que as filosofias dialéticas constituem uma pacificação, ou seja, uma denegação desse discurso da guerra sociopolítica. É verdade que Marx, aqui visado, retoma por sua própria conta o horizonte saint-simoniano de uma supressão da luta de classes, mas, para ele, se trata de uma autossupressão. Mais que uma denegação da conflitualidade sociopolítica, temos aqui a tentativa de pensar a *emancipação* na linguagem da guerra sociopolítica, contra as versões conservadoras do discurso da guerra sociopolítica.

Mais-valia

Al.: *Mehrwert* – Fr.: *Survaleur*

* A função específica do capitalismo é a produção da mais-valia, a produção de um valor superior àquele que é consumido no curso do processo de produção. A realização monetária da mais-valia é o lucro. Marx foi o inventor dessa noção, destinada, segundo ele, a "derrubar toda a teoria do lucro tal como existiu até agora" (*C* 14/01/58).

** O dinheiro (D) existe como capital quando é transformado em mercadoria (M) para a obtenção de uma grandeza monetária superior, de um lucro. A "fórmula geral do capital" é, pois, D-M-D' onde D' é superior a D (*K*165-175). Contudo, tal ciclo parece impossível na medida em que as mercadorias sempre são trocadas por seu valor (*K*175-187). A solução desse problema decorre da existência de uma mercadoria cujo valor é inferior ao valor produzido por seu uso: a força de trabalho (*K*187-198). O valor da força de trabalho define-se pelo conjunto de bens que possibilita "manter no estado de vida normal o indivíduo que trabalha enquanto indivíduo que trabalha". Haverá, pois, mais-valia quando for feito uso da força de trabalho por uma duração mais longa do que aquela exigida para a produção de um valor equivalente ao desses bens. A mais-valia supõe, portanto, um "sobretrabalho" (*Mehrarbeit*), repousa sobre uma injunção ao sobretrabalho, que faz dele antes um conceito político do que uma simples grandeza contável. A injunção ao sobretrabalho pode adotar a forma da extensão da jornada de trabalho ("mais-valia absoluta") ou de modificações na organização social e técnica do trabalho ("mais-valia relativa") (K569-580), pode também ser limitada pelo desenvolvimento da luta de classes e da luta pela diminuição da duração do trabalho (310-333).

*** O conceito de mais-valia também fornece a definição da "exploração" (*Ausbeutung*). Em *O capital*, Marx fala de exploração no contexto da problemática do "grau de exploração" ou da relação entre sobretrabalho e trabalho necessário para a reprodução da força de trabalho (K237-246, 671-682). Inspirando-se em outros textos de Marx (ver, por exemplo, em *Salário*: "a exploração do operário recomeça cada vez que ele troca novamente o fruto de seu trabalho por outras mercadorias. O merceeiro, o agiota, o proprietário, todo o mundo o explora uma vez mais", *OII*153), a tradição fará da exploração a face política da mais-valia, a mais-valia como dominação. Nesse sentido, a exploração aparece como uma condição estrutural do modo de produção capitalista (nela, o trabalhador despossuído dos meios de produção só pode valorizar seu trabalho no âmbito salarial), como o efeito de uma injunção ao trabalho cujas formas se renovam permanentemente (conforme a lógica da subsunção real e da mais-valia relativa) e como uma dominação cujos efeitos podem ser combatidos pela luta de classes. Portanto, as diferentes vertentes da noção de exploração voltam-se para uma sociologia econômica, uma sociologia do trabalho e uma teoria da luta de classes; a questão da unidade dessas várias vertentes permanece aberta[1].

1. L. Althusser, "Enfin la crise du marxisme", *op. cit.*, pp. 249-50.

Materialismo

Al.: *Materialismus* – Fr.: *Matérialisme*

* Nas *Teses sobre Feuerbach*, Marx apresenta sua própria filosofia como um "novo" materialismo (*TF*10) que consiste, de fato, em um materialismo da prática (*Praxis*). Do idealismo, esse materialismo retoma a tese do primado da atividade (*Tä-*

tigkeit) (*TF*1), do materialismo, a tese do papel determinante das "circunstâncias" (*Umstände*) (*TF*3) e das "condições" (*Bedingungen*) (*IA*15, 26-27; *C* 28/12/46). A noção de prática designa precisamente a atividade concebida como condicionada por condições materiais independentes dela e, no entanto, modificáveis por ela. Define, pois, um "materialismo prático" (*IA*24).

** Se Marx se vale do materialismo é na medida em que ele não conhece "senão uma única ciência, a da história" (*IA*14), e em que esta deve ser estudada do ponto de vista de uma "concepção materialista da história" (*IA*38-42). Logo, a noção de materialismo extrai seu sentido da crítica das concepções idealistas da história. Dotada de um sentido essencialmente polêmico, ela designa mais uma intenção que uma doutrina: trata-se de remeter o estudo da história à sua base real, parando de ver nela o simples desenvolvimento de princípios abstratos. Donde as dificuldades que surgem tão logo se tenta precisar o conteúdo do materialismo de Marx.

O cerne desse materialismo parece residir na tese do caráter determinante das "condições materiais" da prática (*IA*19; *AP*, *P*489). Contudo, só relativamente é que essas condições são determinantes, porque elas próprias são produto da ação histórica. Também só são materiais em um sentido muito relativo, porque a prática que as modifica na história é condicionada não só pela "base material" da sociedade, mas igualmente por fatores ideais.

Antes de *A ideologia alemã* e da *Sagrada família* (*SF*152), Marx hesitava em nomear seu próprio projeto teórico de materialismo. Nos *Manuscritos de 44*, descreve sua própria posição como a de um "naturalismo", que ora é considerado a síntese do materialismo e do idealismo (*Ms*170) ou do materialismo e do espiritualismo (*Ms*152), ora um "verdadeiro materialismo" (*Ms*160). O conteúdo desse naturalismo é particularmente problemático, pois consiste numa historicização do naturalismo feuerbachiano que, insistindo na continuidade entre natureza e história, vê também na história a supressão da natureza: "assim como tudo o que é natural deve nascer, também o homem tem seu próprio ato gerador (*Entstehungsakt*), a história. Mas, dado que a história é consciente e que esse nascimento é realizado conscientemente, ela se suprime a si própria como ato gerador" (*Ms*172). Essa mesma tentativa de conciliação dos contrários que são a natureza e a história, o materialismo e o idealismo, encontraremos nas *Teses sobre Feuerbach* e na *Ideologia alemã*, e, na medida em que a primeira *Tese* parece fazer a balança pender para o lado do idealismo ao afirmar o primado da atividade, é legítimo indagar por que a concepção materialista da história é concebida como um novo materialismo e não como um novo idealismo. Afinal, a opção materialista parece depender tanto da conotação subversiva do materialismo e da vontade de privilegiar o ponto de vista dos de baixo (ver *Produção*) quanto de motivos teóricos.

*** Materialismo que sintetiza em si o idealismo e o materialismo, materialismo sem matéria, materialismo "não ontológico"[1], o "materialismo" de Marx é, no mínimo, paradoxal. Se alguma filosofia de Marx existe, ela não mereceria, portanto, ser chamada de "materialismo histórico" ou de "materialismo dialético", noções ausentes sob sua pena. O pensamento marxiano desempenha, contudo, um papel fundamental na história do materialismo. Contribuiu, particularmente, para popularizar a oposição entre materialismo e idealismo, depois de tê-la colocado no lugar da antítese clássica entre materialismo e espiritualismo. Está sem dúvida também na origem da incerteza que hoje ainda cerca vários usos da noção: "Em geral, na Alemanha, para muitos escritores recentes a palavra 'materialismo' serve de mera expressão com a qual se pode etiquetar todo tipo de coisa sem estudá-la muito, pensando que basta colar essa etiqueta para que tudo esteja dito" (Engels a C. Schmidt, 05/08/90).

1. Sobre o caráter "não ontológico" do materialismo de Marx, ver A. Schmidt, *Le concept de nature chez Marx*, Paris, PUF, 1994, pp. 33-74. Schmidt vê o cerne do materialismo de Marx na teoria do trabalho como metabolismo do homem com a natureza, mas também podemos encontrar em Marx o tema (idealista?) de uma abolição do trabalho (ver *Trabalho*).

Modo de produção
Al.: *Produktionsweise* – Fr.: *Mode de production*

* Enquanto as filosofias da história interpretam a história como uma sucessão de épocas, Marx apresenta o devir histórico como uma sucessão de "modos de produção". Conceito-chave da concepção materialista da história, ele tem como função fornecer uma descrição da "base" (*Basis*) econômica das diferentes formações sociais. De acordo com o *Manifesto* e o Prefácio da *Contribuição à crítica da economia política*, cada modo de produção se caracteriza pela "correspondência" (*Entsprechung*) (*AP*, *P*405, 488) entre um nível de desenvolvimento das "forças produtivas" (*Produktivkräfte*) e determinadas "relações de produção" (*Produktionsverhältnisse*). Por "forças produtivas" (noção que provém do "*productive powers of labour*" de Smith e Ricardo), deve-se entender as "forças de produção" (*Produktionskräfte*) do "trabalho social" (*gesellschaftliche Arbeit*) (*P*405) ou "as forças produtivas sociais" (*die gesellschaftlichen Produktivkraften*) (*P*489), ou seja, ao mesmo tempo a "força de trabalho" e os "meios de produção" (*K*45). Por "relações de produção", deve-se entender "o conjunto" (*die Gesammtheit*) (*P*488) das relações sociais que condicionam o processo de produção.

** Nos *Manuscritos de 44* e em *A ideologia alemã*, a noção de "modo de produção" ou de "modo da produção" (*Weise der Produktion*) (*Ms*185) designa sobretudo o "modo de vida" em vigor numa época determinada (*eine bestimmte Lebensweise*) (*IA*15). Nesse momento, Marx insiste no fato de que o homem produz as diversas facetas de sua existência material e ideal: "A religião, a família, o Estado, o direito, a moral, a ciência, a arte etc. são apenas modos particulares da produção (*besondere Weisen der Produktion*)" (*Ms*145). Portanto, ele pode identificar modo de vida e modo de produção. Embora *A ideologia alemã* não reserve o uso da noção de "modo de produção" para a base de uma formação social, estabelece contudo a maioria dos elementos desse conceito. De fato, ela considera que um modo de produção se define pela relação determinada que mantêm entre si as "forças produtivas" e as "relações sociais", sendo estas últimas designadas então pela noção de "comércio" (*Verkehr*), que abarca o conjunto das relações sociais e ideológicas que os indivíduos mantêm entre si (*IA*15-16, 19, *C* 28/12/46); ela considera que as relações sociais acabam obstando as forças produtivas que se desenvolvem nelas (*IA*37); por fim, vê nessa contradição entre as forças produtivas e as relações sociais a origem de uma reviravolta social e do surgimento de um novo modo de produção (*id.*). É certo que essa contradição é interpretada somente como a contradição entre as forças de produção e uma "forma de comércio" (*Verkehrsform*) (*IA*59-60), contudo a análise ressalta o papel determinante dessas relações sociais de produção que são as relações de propriedade (*IA*16-19). O Prefácio de 1859 referirá exclusivamente o "modo de produção" à "base", transformará o comércio entre os homens em relação de produção, integrando ao mesmo tempo a problemática da "correspondência" que se revela decisiva, pois indica tanto as condições nas quais um antigo modo de produção já não é viável como aquelas que possibilitam que um novo modo de produção lhe suceda.

Note-se, contudo, que a questão da correspondência é um dos pontos obscuros da concepção materialista da história. Se sempre há conjunção entre forças produtivas e relações sociais de produção, é sobretudo porque a produção tem sempre um caráter social, de sorte que está sempre subsumida em relações sociais determinadas (*IA*19). A problemática da correspondência acrescenta que, num dado nível do desenvolvimento das forças produtivas, só são possíveis as relações sociais de produção compatíveis com um desenvolvimento suplementar dessas forças produtivas. Em que consiste essa compatibilidade? Devemos considerar que as forças produtivas produzem elas próprias as formas de seu desenvolvimento? Devemos, ao contrário, considerar as relações sociais como formas sociais que impõem de fora um certo tipo de desenvolvimento às forças produtivas? As respostas divergem conforme os textos. As relações sociais de produção e as forças produtivas parecem, às vezes, manter uma relação de coimplicação: "[A produção] pressupõe por sua vez um comércio dos indivíduos entre si.

A forma desse comércio é por sua vez condicionada pela produção" (*IA*15-16). Outras vezes, as relações de produção parecem, antes, decorrer diretamente do grau de desenvolvimento das forças produtivas e da natureza dos meios de produção: "As relações sociais estão intimamente ligadas às forças produtivas. Ao adquirirem novas forças produtivas, os homens mudam seu modo de produção, e, mudando o modo de produção, a maneira de ganhar a vida, eles mudam todas as suas relações sociais. O moinho manual lhe dará a sociedade com suserano, o moinho a vapor, a sociedade com capitalismo industrial" (*MP*, *OI*79). A teoria da subsunção real (ver *Subsunção*) considera, ao contrário, que as relações de produção se aplicam às forças produtivas como uma forma se aplica a uma matéria informe. Por fim, outros textos consideram que as tecnologias são independentes das relações sociais de produção (*OII*298-300), e era de fato preciso supô-lo caso se quisesse que o comunismo conservasse o desenvolvimento capitalista das forças produtivas no contexto de novas relações sociais.

*** A interpretação da história do ponto de vista da produção tem como função opor uma interpretação materialista ao idealismo das filosofias da história (*IA*38-40). Pode-se, contudo, indagar se a teoria da sucessão dos modos de produção não fica atrás em relação à crítica das filosofias da história. A *Sagrada família* atacava a ideia de um progresso da história: "Apesar das pretensões do 'progresso', vemos continuamente 'regressões' e 'retornos circulares'. […] a categoria de progresso é totalmente vazia e abstrata" (*SF*106). Embora a representação da história como permanência da luta de classes possa ser julgada conforme com essa crítica[1], já que por ela a história volta a cair sempre "na mesma rotina" (*IA*33), o mesmo não se aplica à ideia de uma dialética entre as forças produtivas e as relações de produção, fundamentada na tese do progresso constante das forças produtivas. Também é lícito indagar se essa teoria não constitui um recuo com relação à crítica da ideia de história universal desenvolvida em *A ideologia alemã* (*IA*33-41). A ideia de uma sucessão dos modos de produção regida por um desenvolvimento das forças produtivas que deve culminar na superação definitiva da contradição entre forças produtivas e relações de produção não conduz a uma nova filosofia da história, a uma nova teoria do "sentido" e do "fim" da história? Note-se que o próprio Marx descartou essa interpretação, ressaltando que os modos de produção poderiam muito bem se suceder segundo uma ordem diferente daquela descrita no Prefácio de 1859 (Carta de Marx a Vera Zassoulitch de 8 de março de 1881). Afinal de contas, como Engels indicará depois, esse texto define uma orientação metodológica e não os princípios de uma axiomática: "Nossa concepção da história é, antes de mais nada, uma diretriz para o estudo" (*C* 05/08/90).

1. Ver, a esse respeito, W. Benjamin, "Sur le concept d'histoire", in *Écrits français*, Paris, Gallimard, 1991, pp. 33-356. Para um comentário, ver G. Raulet, *Walter Benjamin*, Paris, Ellipses, 2000, pp. 59 ss.

Necessidades
Al.: *Bedürfnisse* – Fr.: *Besoins*

* Nos *Manuscritos de 44*, a temática da necessidade está estreitamente vinculada à da finitude. Lembrando-se da definição hegeliana da natureza como ideia na forma do ser outro, Marx define a naturalidade como o fato de ter sua realidade fora de si: "Um ser que não tem sua natureza fora dele próprio não é um ser natural, não participa do ser da natureza" (*Ms*171). A necessidade, concebida como relação de um ser com sua própria natureza objetiva, pode portanto ser definida como uma fome: "a fome é uma necessidade material de meu corpo, a necessidade que ele sente de um objeto situado fora dele, indispensável para sua integração e sua exteriorização essencial". As necessidades referem-se a "objetos indispensáveis, essenciais, para a ativação e a confirmação (*zur Betätigung und Bestätigung*) de suas forças essenciais" (*Ms*170), objetos que são tanto a realidade material natural quanto os outros homens (154).

** Paralelamente a essa análise ontológica da necessidade, Marx propõe uma análise do condicionamento histórico das necessidades: "a produção das necessidades, assim como sua satisfação, é ela mesma um processo histórico" (*IA*66). A tese da funcionalidade e do condicionamento social das necessidades leva os *Manuscritos de 44* a uma crítica das necessidades geradas pelo modo de produção atual (*Ms*185-187, 192). A análise centra-se na "necessidade de dinheiro", "única verdadeira e exclusiva necessidade suscitada pela economia política". Essa nova necessidade implica simultaneamente a constituição de "necessidades egoístas" e um duplo processo de nivelamento embrutecedor e de extrema sofisticação: "essa alienação produz, por um lado, o refinamento das necessidades e dos meios de satisfazê-las e, por outro, o retorno a uma selvageria bestial, a simplicidade total, grosseira e abstrata da necessidade".

As relações sociais condicionam as necessidades e, portanto, o valor delas pode ser medido pelo efeito quantitativo e qualitativo que têm sobre as necessidades. Assim como a verdadeira riqueza depende da capacidade que um indivíduo tem de estar ligado à realidade exterior de múltiplas maneiras, ela também depende da forma humana das necessidades, o que supõe que os objetos da necessidade estejam bem ligados às forças essenciais do homem. Desse duplo ponto de vista é que a crítica do mundo da propriedade privada e a avaliação das diversas formas de comunismo é conduzida. O primeiro é incapaz de dar forma humana às necessidades: "a propriedade privada não sabe transformar a necessidade elementar em necessidade humana", e é inclusive responsável por um empobrecimento absoluto: "nenhum de seus sentidos continua a existir não só sob forma humana, mas tampouco sob forma inumana, eles não têm nem mesmo uma forma animal". Para proceder à substituição "da riqueza e da miséria da economia política pelo homem rico e pela necessidade humana rica" (*Ms*154), o comunismo deverá provocar um desenvolvimento das necessidades tanto num plano quantitativo quanto qualitativo: "o homem rico é ao mesmo tempo aquele que tem necessidade de uma totalidade de exteriorizações vitais humanas (*einer Totalität der menschlichen Lebensäusserung*), o homem para quem sua própria efetuação é uma premência interna, uma necessidade" (*Ms*154-155). Enquanto a ordem da propriedade privada reduz nossas necessidades e, portanto, o exercício de nossos sentidos aos objetos legalmente possuídos ou passíveis de valorização mercantil, o comunismo possibilitará "a emancipação total de todos os sentidos e de todas as qualidades humanas" (*Ms*149).

*** É de um ponto de vista naturalista que os *Manuscritos de 44* podem se propor a medir, assim, o valor das diferentes formas de comunismo à luz de sua capacidade de enriquecer qualitativa e quantitativamente as necessidades, ponto de vista este que situa a essência do homem na relação sensível que ele mantém com sua própria natureza objetiva. A crítica dessa antropologia (ver *Indivíduo*) destituirá as necessidades de sua função de princípio, reservando-lhes, porém, um papel fundamental na análise do agir histórico, na definição do comunismo (*IA*254, *K*90, *OI*1420) e na teoria do valor, onde elas definem o "valor de uso" (*K*39) e o "valor de troca" por intermédio da relação do preço com a "necessidade social" (*OII*972-980).

Ópio do povo Ver *Crítica*

Al.: *Opium des Volks* – Fr.: *Opium du peuple*

Política

Al.: *Politik* – Fr.: *Politique*

* A noção de política é daquelas que caracterizam o objeto da crítica e, mais que qualquer outra, ela revela a ambiguidade da crítica marxiana. A crítica que se quer radical denuncia a ilusão política e evoca o fim da política. Assim, o fim da sociedade de classes resultará no fim da política, "já não haverá poder político propriamente dito, pois o poder político é precisamente o resumo oficial do antagonismo na sociedade civil" (*MP*, *OI*136). Contudo, Marx afirma conjuntamente a necessidade de dar à luta do proletariado contra a burguesia um caráter político: "toda classe que aspira à dominação, mesmo que sua dominação determine a abolição de toda antiga forma social e da dominação em geral [...], deve conquistar, primeiro, o poder político para, por sua vez, representar seu interesse próprio como sendo o interesse geral" (*IA*31n). Aqui, a política é, portanto, concebida numa dupla relação com a luta de classes, por um lado, ela é o que mascara a lógica do conflito sob o véu ideológico do universal, por outro, ela aparece como um instrumento que possibilita o desenvolvimento do conflito. A relação entre luta de classes e política é ainda mais estreita, pois a luta de classes é precisamente o que fornece a definição da política na sua forma não mistificada. Com efeito, "jamais há movimento político que não seja social ao mesmo tempo", cujas raízes políticas não mergulhem na luta de classes, ora, "a luta de classe com classe é uma luta política" (*MP*, *OI*135-136). Nesse sentido, a crítica da política incide sobre as ilusões relativas à pureza da cidadania e à racionalidade do Estado e devolve-as à conflituosidade social. Por isso não é contraditório que a crítica da política seja igualmente a única e verdadeira afirmação política: "Logo, nada nos impede de conectar nossa crítica à crítica da política, à tomada de partido em política e, portanto, às lutas reais, e de nos identificar com essas lutas" (*P*45).

** Pode-se distinguir pelo menos duas grandes etapas da crítica marxiana da política. A primeira crítica da política é desenvolvida por ocasião da crítica conjunta da Revolução Francesa e dos *Princípios da filosofia do direito* de Hegel. Seu princípio enuncia-se na tese segundo a qual "a emancipação humana só se realiza quando o homem reconheceu e organizou suas forças próprias como forças sociais e, portanto, já não separa de si a força social sob forma de força política" (*QJ*, *P*79). A emancipação é apenas ilusória enquanto se efetua somente na forma de uma cidadania abstrata e de um Estado separado da existência real dos indivíduos. Nesse sentido é que essa crítica da política é ao mesmo tempo uma crítica da "alienação política" (*MK*37, 70-71, 134; *IH*, *P*90-91), da "abstração política" (*MK*68-72, 132-134; *QJ*, *P*59-63) e da "ilusão estatal" (*MK*91) ou "ilusão política" (*IA*40). Dessa crítica política da política, a qual exige que a emancipação política se propague para todas as facetas da vida social, cumpre distinguir a crítica *sociológica* da política desenvolvida a partir de *A ideologia alemã*. A "ilusão política" então é denunciada é a da autonomia e da onipotência das ideias políticas e das instituições políticas, no contexto de uma teoria da história e da ideologia[1].

*** Ao fazer das idealidades a expressão dos interesses de classe, o conceito de ideologia designa a dimensão política do pensamento e dos discursos, precisando ao mesmo tempo que nela a política está presente na forma da denegação da política (de uma identificação dos interesses de classe com os interesses de todos, que dissimula a luta de classes). A economia política se caracteriza por uma denegação semelhante. De fato, a teoria do fetichismo estabelece que a dimensão política da economia política — a saber, sua tendência a legitimar o modo de produção capitalista — consiste numa tendência a reduzir o econômico a um dado apolítico, vendo relações entre coisas ali onde se travam as relações sociais de dominação que estão na origem do valor (ver *Valor*). Ao denunciar as diferentes formas dessa denegação do político, a crítica afirma, pois, a politicidade do que parece não político. Deve-se, então, concluir que tudo é político? É o que parece dever ser concluído de um silogismo cuja maior premissa é fornecida pelo *Manifesto*: toda a história é a história da luta de classes, e a menor, pela *Miséria da filosofia*: toda luta de classes é uma luta política. Contudo, em Marx, a fórmula só tem um sentido pejorativo: "A Idade Média era a democracia da não liberdade", "Na Idade Média [...] tudo é *político*" (*MK*71). De fato, essa é a dupla injunção que define a crítica da política: por um lado, que a emancipação política se propague para o *conjunto* da vida social, submetendo à exigência de liberdade o conjunto das relações de dominação e o conjunto do que, somente em aparência, é apolítico; por outro, que seja denunciada a ilusão de autossuficiência e de onipotência do Estado e da política, limitando assim o momento político da existência humana a um simples momento particular, o momento da reflexão sobre si de uma vida, no fundo, não política. Em outras palavras: "Na democracia, o Estado, enquanto particular, é somente particular, enquanto universal, é o universal efetivo [...]. Os franceses entenderam isso no sentido de que, na verdadeira democracia, *o Estado político declinaria (untergehe)*" (*MK*70).

1. A respeito dessas duas críticas da política, ver M. Abensour, *La démocratie contre l'Etat*. *Marx et le moment machiavelien*, Paris, PUF, 1997, pp. 10-2, 34-53, e A. Tosel, "Les critiques de la politique chez Marx", in E. Balibar *et al.*, *Marx et sa critique de la politique*, Paris, Maspéro, 1979, pp. 13-52.

Prática
Al.: *Praxis* – Fr.: *Pratique*

* Central nas *Teses sobre Feuerbach*, a noção designa a primazia da atividade (*Tätigkeit*) entendida "como atividade objetiva" (*als gegenständliche Tätigkeit*), "atividade efetiva, sensível" (*wirkliche, sinnliche Tätigkeit*), "atividade humana sensível" (*sinnlich menschliche Tätigkeit*). Se o mérito do idealismo alemão é elevar a atividade à categoria de princípio, seu defeito é concebê-la somente "de forma subjetiva" (*TF*1). Quando se desloca o tema filosófico da primazia da atividade para o campo da teoria social ("toda vida social é essencialmente prática", *TF*8), trata-se de dar conta da unidade de um momento objetivo: o condicionamento pelas "relações sociais" (*gesellschaftlichen Verhältnisse*) (*TF*6), e de um momento subjetivo: o momento "humano" da "sociedade humana" ou da "humanidade social" (*die menschliche Gesellschaft oder die gesellschaftliche Menschheit*) (*TF*10). Concebida nessa unidade, a prática é "automudança" (*Selbstveränderung*), "coincidência da mudança das circunstâncias e da atividade humana" (*Zusammenfallen des Andern der Umstände und der menschliche Tätigkeit*) (*TF*3), e é esse o fundamento da "atividade 'revolucionária', 'prático-crítica'" (*der "revolutionären", der "praktisch-kritischen" Tätigkeit*) (*TF*1).

** Mais que um conceito completamente determinado, a prática é um operador que permite conectar diferentes temáticas desenvolvidas pelos jovens hegelianos e por Marx antes de 1845:

a) A da efetuação (*Verwirklichung*) da filosofia (Von Ciezkowski, Hess), retomada em 1843-44 na tese segundo a qual não se pode "efetuar" a filosofia sem "suprimi-la", assim como não se pode suprimir a filosofia sem efetuá-la (*IH*, *P*97-98).

b) A da realização da consciência de si (B. Bauer), reformulada em 1843 no projeto de "reforma da consciência" entendida como "efetivação (*Vollziehung*) dos pensamentos do passado [mediante a qual] a humanidade não começa um novo trabalho, mas [...] realiza (*zustande bringt*) com consciência seu antigo trabalho" (*P*46).

c) Essas temáticas da efetuação devem, por sua vez, ser relacionadas com a problemática da "ativação" (*Betätigung*), central nos *Manuscritos de 44*, em que a história é concebida como um processo cujo *télos* é a ativação das "forças genéricas", ou das "forças essenciais" que definem o gênero (*Ms*165, 170, 172)[1].

d) Na *Sagrada família*, essa reflexão sobre a história adota a forma de uma análise do agir histórico; atividade material (e não espiritual), coletiva e revolucionária, tais são as características do que é então denominado "ação histórica" (*geschichtliche Aktion*) e que logo depois será denominado "prática revolucionária" (*TF*3).

Marx afirma que "todos os mistérios que orientam a teoria para o misticismo encontram sua solução racional na prática humana" (*TF*8). Denuncia, então, o pensamento que se crê autossuficiente e que ignora seu condicionamento prático, o pensamento "isolado da prática" (*TF*2), não a teoria em si mesma. Com efeito, o mundo alienado deve ser "aniquilado" (*vernichtet*) "teórica e praticamente" (*TF*4), e não apenas praticamente. Essa tese segundo a qual a prática é a verdade da teoria também deve ser entendida como a condensação de diferentes temáticas.

e) Quando Marx afirma que "as oposições teóricas só podem ser resolvidas de maneira prática" (*Ms*152), ou que "a questão de saber se se deve atribuir ao pensamento humano uma verdade objetiva não é uma questão de teoria, mas uma questão prática" (*TF*2), está seguindo Von Ciezkowski[2], que contrapunha a Hegel que somente a ação, e não o pensamento filosófico, tem condições de obter a verdadeira reconciliação do interno com o externo, do ser com o pensamento, do espírito com a natureza, do sujeito com o objeto.

f) Quando afirma que a "verdadeira prática" é a "condição de uma teoria real e positiva" (*Ms*193), reinterpreta a denúncia schellingiana e feuerbachiana da esterilidade e do negativismo da filosofia hegeliana.

g) A primazia da prática deve, por fim, ser relacionada com a tese, inspirada em Ruge[3], da necessária passagem da filosofia política para a ação política: "a crítica da filosofia especulativa do direito desemboca não nela mesma, mas em problemas cuja solução só é possível por um único meio: a prática" (*IH*, *P*99).

*** A oitava tese propõe implicitamente uma definição da filosofia como "ação de conceber essa prática [humana]" (*Begreifen dieser Praxis*). Embora as *Teses sobre Feuerbach* sejam, efetivamente, teses sobre a prática, para considerar legitimamente que Marx é o fundador de uma "filosofia da práxis"[4], as *Teses* deveriam igualmente fornecer o meio de unificar as diferentes conotações da noção. A afirmação segundo a qual a vida ideal "só se explica pelo desgarramento e pela contradição dessa base mundana (*weltlichen Grundlage*) consigo mesma" (*TF*4) aponta para essa unificação apresentando a prática histórica como o fundamento do edifício social e das representações. Contudo, mais que uma filosofia articulada de maneira coerente, ela define apenas o programa da concepção materialista da história, de sorte que não espanta que a realização desse programa tenha vindo acompanhada em Marx do desaparecimento do conceito de prática em proveito dos conceitos de produção e de luta de classes. No entanto, ainda é possível considerar que a prática revolucionária não pode se reduzir nem à produção nem à luta de classes nem à sua conjunção; "prática" será, então, o nome de sua especificidade, "filosofia da práxis", o de uma teoria consciente de sua irredutibilidade.

1. A tradução usual de *Betätigung* para "manifestação" não exprime nem a ideia de ação (*Tat*) nem a ideia de colocação em ação (*Betätigung*). Ademais, tem o inconveniente de evocar a noção filosófica de manifestação fenomenal (*Erscheinung*) utilizada por Marx num contexto totalmente diferente (ver *Valor*). Sobre o sentido de *Betätigung* em Marx, ver também *Indivíduo*.
2. A. von Cieszkowski, *Prolégomènes à l'historiosophie* (1838), trad. fr. M. Jacob, Paris, Champs Libre, 1973.

3. Sobre essa questão, ver S. Mercier-Josa, *Théorie allemande et pratique française de la liberté*, Paris, L'Harmattan, 1993.
4. A noção de "filosofia da práxis" designa a interpretação que Gramsci deu da obra marxiana e dos desdobramentos que convinha fornecer-lhe. Sobre o sentido que Gramsci dava a essa noção, ver Gramsci, *Textes*, Paris, ES, 1983, pp. 106 ss.

Processo Ver *Fetichismo*
Al.: *Prozess* – Fr.: *Procès*

Produção
Al.: *Produktion* – Fr.: *Production*

* Marx distingue "produção em geral" e produção no contexto de um "modo de produção" determinado. O "processo de trabalho" é um "processo que se dá entre o homem e a natureza, no qual o homem regula e controla seu metabolismo com a natureza pela mediação de sua própria ação" (*K*198) utilizando a potência de seu próprio trabalho e dos instrumentos de produção. Considerada "em geral", a produção é o "processo de trabalho" como ato de um "corpo social", de um "sujeito social que exerce sua atividade num conjunto mais ou menos grande, mais ou menos rico de esferas de produção" (*IE, P*449). Contudo, "a produção em geral é uma abstração", pois o processo de produção é sempre determinado pelas relações sociais próprias de um modo de produção determinado (*P*448).

** Nos *Manuscritos de 44*, essa concepção da produção como metabolismo do homem com a natureza adota a forma de uma metafísica da produção que vê na atividade produtiva do homem a realização da produtividade da natureza: assim como "tudo o que é natural é engendrado" (*Ms*172), também "a indústria é a verdadeira relação histórica da natureza, portanto das ciências da natureza, com o homem" (*Ms*153). Essa metafísica refrata-se em uma antropologia: "o homem produz (*produziert*) o homem, produz a si mesmo e produz o outro homem" (*Ms*145); e em uma filosofia da história: "aquilo que é chamado história universal nada mais é que a produção (*Erzeugung*) do homem pelo trabalho humano, que o devir da natureza para o homem" (*Ms*156). Aqui, a produção é a um só tempo *produzieren*, ou trabalho produtivo, e *erzeugen*, engendramento, produção ou procriação. A partir de *A ideologia alemã*, a primazia da produção perde essa dimensão metafísica ao mesmo tempo que define a metodologia materialista, que consiste em privilegiar o ponto de vista de baixo em detrimento do ponto de vista de cima.

Em *A ideologia alemã*, a primazia da produção torna possível opor uma concepção materialista da história às filosofias idealistas da história (*IA*39-40). Trata-se, então, de partir da produção, porque as relações que os homens mantêm na sua interação com a natureza condicionam as diversas facetas de sua existência (*IA*15-19). A produção fornece, pois, um princípio de inteligibilidade e não um fundamento último (*IA*38-39). O ponto de vista da produção também desempenha um papel fundamental na crítica da economia política. As ilusões da economia política decorrem, com efeito, do fetichismo da mercadoria, ele mesmo produzido pela forma que o valor mercantil adota quando se apresenta na esfera da circulação. Para dissipar essas ilusões, basta deslocar a análise da formação do valor para a esfera da produção: "O processo de consumo da força de trabalho é simultaneamente o processo de produção da mercadoria e do sobrevalor (*Mehrwert*)", ele "se realiza fora do mercado ou da esfera da circulação. Por isso, abandonaremos essa esfera ruidosa, essa estada na superfície acessível a todos os olhares" (*K*197). Os *Manuscritos de 44* já tinham escrito: "O sentido que a produção tem para os ricos aparece abertamente no sentido que ela tem para os pobres. Seu significado para os de cima exprime-se sempre de maneira sutil, disfarçada, ambígua: é a aparência. Para os de baixo, ela se exprime de maneira grosseira, direta, sincera: é a essência" (*Ms* 192-193).

*** Deve-se considerar Marx culpado de reduzir a vida social exclusivamente à lógica da produção e de subestimar a dimensão comunicacional da interação?[1] Tal acusação pode sem dúvida nenhuma ser feita à metafísica da produção, desenvolvida nos *Manuscritos de 44*, mas será que ainda pode ser feita à *A* *ideologia alemã*, que insiste no fato de que a atividade produtiva é sempre condicionada pelas diferentes formas do comércio (*Verkehr*) entre os homens?

1. J. Habermas, *Connaissance et intérêt*, Paris, Gallimard, 1978, cap. 2.

Proletariado Ver *Comunismo* e *Ideologia*
Al.: *Proletariat* – Fr.: *Prolétariat*

Quase naturalidade Ver *Trabalho*
Al.: *Naturwüchsigkeit* – Fr.: *Quasi-naturalité*

Relação de produção Ver *Modo de produção*
Al.: *Produktionsverhältnisse* – Fr.: *Rapport de production*

Reprodução Ver *Lei tendencial*
Al.: *Reproduktion* – Fr.: *Reproduction*

Ser genérico
Al.: *Gattungswesen* – Fr.: *Être générique*

> * Entre os jovens hegelianos, o sentido da noção de "gênero" (*Gattung*) é determinado pela crítica da religião de D. F. Strauss e de L. Feuerbach. Strauss opõe o indivíduo ao gênero afirmando que as perfeições atribuídas a Cristo só podem corresponder à humanidade inteira e na medida em que ela for tomada em um desenvolvimento histórico. Em Feuerbach, a noção de gênero define a verdadeira humanidade do homem, a essência do homem enquanto essência infinita de que ele é consciente. Ela designa as três "potências" infinitas e supraindividuais que são a razão, a vontade e o coração[1]. Como Feuerbach, Marx identificará o ser genérico a um conjunto de "forças genéricas" (*Ms*165) e a um "ser para si": "o homem não é somente um ser natural, é também um ser natural humano, ou seja, um ser que existe para si, portanto, um ser genérico, que

deve se confirmar e se ativar (*bestätigen und betätigen*) como tal tanto no seu ser como no seu saber" (*Ms*172).

** Em *A essência do dinheiro* (1843)[2], Hess investigou a problemática do gênero num estudo da cisão do homem em "homem privado" e "ser comunitário" (*Gemeinwesen*) e da inversão da relação entre gênero e indivíduo. Marx mostra-se muito próximo desses temas quando deplora o fato de que a emancipação somente política reconheça o homem apenas como um "indivíduo separado do ser comunitário", de que, em vez de considerar o homem como um ser genérico, ela faça da "própria vida genérica" "um âmbito exterior aos indivíduos, uma limitação da autonomia (*Selbständigkeit*) original deles" (*QJ*, *P*73). É de fato sob inspiração de Hess que ele identifica a "própria vida genérica" com a "sociedade", o que em seguida lhe permite ver em Feuerbach aquele que erige "a relação social do 'homem com o homem' em princípio fundamental da teoria" (*Ms*160). A noção de gênero já não designa então a consciência que a humanidade adquire de sua própria infinitude, mas a sociedade como lugar de uma realização de forças essenciais. Por isso, estas cessam elas próprias de ser interpretadas em termos somente psicológicos. Mais do que pela razão, pela vontade e pelo amor, o gênero irá se definir por um conjunto de forças sociais que a humanidade deverá "ativar" (*betätigen*) no processo histórico do trabalho e da interação com a natureza (*Ms*165, 171).

Se tal historicização do conceito feuerbachiano de gênero, apesar de ser a um só tempo essencialista e anistórico, é possível, é porque o processo histórico é interpretado teleologicamente como o processo da realização de uma essência ou como uma história universal: "somente o naturalismo é capaz de compreender o ato da história universal" (*Ms*170). A crítica das filosofias da história, iniciada pela *Sagrada família* e aprofundada em *A ideologia alemã*, conduziria, portanto, necessariamente, a um abandono definitivo do conceito de gênero. As *Teses sobre Feuerbach* pronunciarão o veredicto: Feuerbach faz "abstração do curso da história", "portanto, a essência já não pode ser apreendida senão como 'gênero', como universalidade muda, que liga muitos indivíduos de maneira natural" (*TF*6).

*** Utilizado para construir uma teoria da alienação social, o conceito de gênero está ligado a dois projetos distintos: o estudo das diversas formas da alienação social e a descrição do horizonte da superação delas. É de fato nesse segundo sentido que o gênero intervém na conclusão da primeira parte da *Questão judaica*: "Somente quando o homem individual efetivo tiver recuperado em si o cidadão abstrato e tiver se convertido, como indivíduo, em um ser genérico na sua vida empírica, no seu trabalho individual e nas suas relações individuais [...] é que a emancipação humana terá se processado" (*P*79). À cadeia de equivalências social = gênero = comunidade, a *Questão judaica* acrescenta, portanto, o ideal de uma equivalência entre indivíduo e gênero, esboçando uma definição do socialismo e do comunismo pela fusão do individual com o coletivo. Embora o Marx da maturidade tivesse se pronunciado claramente contra a primeira função do conceito de gênero, ele não procedeu a uma crítica clara da interpretação do comunismo que ele implicava. Ao contrário, ao definir o comunismo como a única verdadeira comunidade em *A ideologia alemã* (opõe ali a "comunidade efetiva" aos "sucedâneos de comunidades" e às "comunidades ilusórias" que existiram até agora) (*IA*62-63), como uma sociedade pacificada em que desaparecem as diferenças de classe (*MC*, *P*412-413) e a mediação política (*MP*, *OI*135), ele parece ter estimulado esse tipo de interpretação[3], apesar de ela ser incompatível com uma ética da individualidade que valorize o fato de "o homem individual [ter se] desprendido do cordão umbilical dos laços genéricos naturais que ele tinha com os outros" (*K*91).

1. L. Feuerbach, *L'essence du christianisme*, Paris, Maspéro, 1982, p. 119.
2. Do original alemão: *Über das Geldwesen*, publicado na verdade em 1845. [N. da T.]
3. Tais interpretações podem ser encontradas tanto no marxismo-leninismo (ver, por exemplo, o verbete "Gemeinschaft", in M. Buhr, A. Kosing, *Kleines Wörterbuch der marxistisch-leninistischen Philosophie*, em que o comunismo é definido como a reunificação da "comunidade" e da "sociedade") como em certas correntes do marxismo crítico (como mostra J.-M. Vincent, *Critique du travail. Le faire et l'agir*, Paris, PUF, 1987, cap. 1-2).

Sobretrabalho Ver Sobrevalor
Al.: *Mehrarbeit* – Fr.: *Surtravail*

Sobrevalor[1]
Al.: *Mehrwert* – Fr.: *Survaleur*

Como *Mehrwert* supõe um sobretrabalho (*Mehrarbeit*) e repousa sobre uma imposição/injunção ao sobretrabalho, esse termo identifica mais um conceito político do que uma grandeza contável. Por essa razão, autores franceses consideram que *Mehrwert* deva ser traduzido por *survaleur* (sobrevalor), mais do que por *plus-value*[2] (ver *Mais-valia*). No Brasil, no entanto, a tradução de *Mehrwert* por mais-valia é a consagrada, sendo usada amplamente tanto na literatura filosófica em geral como na marxista em particular.

1. Adaptação para a edição brasileira. (N. do E.)
2. E. Balibar, J. P. Lefebvre "Plus-value ou survaleur" in *La Pensée*, n°. 197, 1978 e n°. 210, 1980.

Subsunção
Al.: *Subsumption* – Fr.: *Subsomption*

* O conceito de subsunção descreve a relação entre um enunciado universal e os fatos particulares que ele abrange. Marx modifica sua função utilizando-o para descrever a relação de condicionamento do comportamento individual pelas relações sociais, ou seja, para descrever a maneira como as relações sociais informam a realidade social. É levado, pois, a distinguir diferentes tipos de subsunção: a subsunção formal e a subsunção real.

** Em *A ideologia alemã*, Marx afirma que a existência individual é determinada por condições materiais e está inserida num conjunto de relações sociais (as formas do "comércio" entre os homens). Ao designar essa relação de determinação pela noção de subsunção (*IA* 61-63), acrescenta que essas relações sociais se aplicam à existência individual assim como a generalidade social se aplica à particularidade individual e como uma forma se aplica a uma matéria relativamente informe; sublinha também que as ações individuais têm sempre certa independência (não são produzidas, são apenas subsumidas pelas relações sociais) e que só se incluem entre as relações sociais sob o efeito da dominação do indivíduo pela generalidade social.

Na crítica da economia política (*OII*365-382, *ChI*206-221), a noção é utilizada para distinguir duas etapas da submissão do trabalho ao capital. A noção de capital designa em Marx um processo de valorização orientado pela produção de sobrevalor. Na época da manufatura, existe tão somente subsunção formal do trabalho, por um lado, porque o processo de trabalho passa a ser comandado pelo capital sem que sua estrutura se modifique, e, por outro, porque é comandado somente por um conjunto de injunções exteriores ao processo de trabalho (comando, vigilância, injunção financeira). A grande indústria se caracteriza, ao contrário, por uma subsunção real, na medida em que é a própria organização do processo de trabalho, remanejada com vista à produção de sobrevalor tanto em sua base técnica como em suas formas de cooperação, que obriga o trabalhador ao sobretrabalho. Por meio dessa análise da transformação da subsunção formal em subsunção real pode-se descrever como as relações sociais capitalistas determinam a materialidade social. Em vez de ver na sociedade mercantil um conjunto de comportamentos determinados por leis sociais inflexíveis, ou a simples agregação de ações individuais, Marx vê nela um processo dinâmico que transforma constantemente as diferentes práticas para torná-las cada vez mais conformes à lógica da valorização e conformá-las cada vez mais às relações sociais capitalistas.

*** O conceito de subsunção apresenta as relações sociais como vetores de dominação, e a teoria da transformação da subsunção formal em subsunção real fornece uma análise das transformações das relações de poder em operação no processo de trabalho. Foucault criticava Marx por ter pensado o poder apenas como macropoder (poder de Estado e poder de classe), negligenciando as formas de dominação em operação nas interações individuais[1]. Contudo, é efetivamente de uma microfísica do poder que dependem as análises sobre a "disciplina de fábrica", em que as formas de dominação são relacionadas com o par trabalhador-máquina e com os tipos de controle que ele implica (*K*470-479). Longe de ignorar os micropoderes, Marx levanta o problema que talvez permaneça como ponto cego em Foucault: a articulação entre os micro e os macropoderes.

1. Ver a síntese realizada por G. Deleuze, *Foucault*, Paris, Minuit, 1986, pp. 32-8.

Trabalho
Al.: *Arbeit* – Fr.: *Travail*

* Marx concebe a natureza como "o corpo não orgânico do homem", "seu corpo, com o qual deve manter um processo constante se não quiser morrer" (*OII*62). Essa é a origem da definição do trabalho como "metabolismo" (*Stoffwechsel*) do homem com a natureza (*K*48, 207) e "controle" desse metabolismo "por sua própria ação" (*K*199). Mais que uma ruptura, o trabalho exprime, pois, uma continuidade com a natureza. No trabalho, o homem se comporta para com a natureza como uma "potência natural" (*id*.), ele a transforma segundo suas próprias leis (*K*49), ele modifica a natureza exterior ao mesmo tempo que modifica sua própria natureza desenvolvendo "as potencialidades que nela estão adormecidas" (*K*199-200). O trabalho se encarna nos objetos naturais, se transforma de "trabalho vivo" em "trabalho passado" (*K*206, 225, 348), a fim de realizar a "apropriação do elemento natural em função das necessidades humanas" (*K*207). Nessa objetivação, o trabalho exibe um duplo aspecto, no qual Marx pretende ter sido "o primeiro a pôr o dedo": por um lado, ele é "trabalho útil", ou "trabalho útil concreto", enquanto produtor de "valor de uso", mas, por outro, é enquanto "dispêndio de força de trabalho humana no sentido fisiológico, [...] nessa qualidade de trabalho humano idêntico, ou ainda de trabalho abstratamente humano, que ele constitui o valor mercantil" ou o "valor-mercadoria" (*K*47-53).

** Embora faça do trabalho "a condição geral do metabolismo entre o homem e a natureza, a condição natural eterna da vida dos homens" (*K*207), Marx também é o autor de uma crítica do trabalho. Os *Manuscritos de 44* reduzem o trabalho à "atividade alienada" (*Ms*152), a "uma expressão da atividade dentro da alienação" (*Ms*199). *A ideologia alemã* está em conformidade com essa denúncia do trabalho quando sustenta que o comunismo deve "abolir o trabalho" (*IA*64). No entanto, ela também sustenta uma tese oposta. Já não é o próprio trabalho que é considerado responsável pela mutilação da individualidade, mas as relações sociais que lhe conferem determinadas formas, de sorte que a modificação delas permitirá transformá-lo em afirmação da liberdade (*IA*71-72). Os *Grundrisse* esclarecerão: "O trabalho de produção material só pode revestir esse caráter 1º. se seu conteúdo social estiver assegurado; 2º. se for de caráter científico e tornar-se ao mesmo tempo trabalho geral" (*Gr*, *OII*288).

Abolição do trabalho ou "trabalho emancipado" (*Gr*, *OII*303)? *O capital* deslocará esse problema. Já não fará do trabalho tanto o lugar da realização de si quanto o de uma injunção inevitável, cuja influência deve ser limitada; donde a reivindicação de uma "generalização do trabalho manual" (*K*, *OI*1023)[1] que possibilite uma redução da jornada de trabalho. Apesar disso, o trabalho continuará sendo concebido como uma base essencial e necessária do desenvolvimento da individualidade: "É além dele que começa o desenvolvimento das forças humanas como fim em si, o verdadeiro reino da liberdade, que não pode florescer senão apoiando-se sobre o outro reino, sobre a outra base, a da necessidade" (*K*, *OII*1488).

*** Se tais hesitações são possíveis é porque o trabalho encontra-se em Marx na encruzilhada de duas antropologias contraditórias. Peça central de uma antropologia naturalista, é o operador que possibilita ver no homem a subjetivação da própria natureza: "o sujeito que trabalha é um indivíduo natural e tem uma existência natural, a primeira condição objetiva de seu trabalho é a natureza, a terra, seu corpo inorgânico. O indivíduo não é somente o corpo orgânico, ele é essa natureza inorgânica enquanto sujeito" (*Gr, OII*328); a "vida produtiva" não é "a vida criadora de vida" (*Ms, OII*63)?² Concebido, por outro lado, como produção das condições da existência humana (*IA*15) e, por conseguinte, como produção da própria existência humana (*Ms*156, *IA*26, 38), permite alimentar o fantasma idealista de uma autoprodução racional da integralidade da existência humana (*Ms*141) e de uma superação da natureza: "o comunismo [...] trata conscientemente todas as pressuposições quase naturais (*natürwuchsigen Vorausetzungen*) como criações dos homens que nos precederam até aqui, [...] ele as destitui de sua quase naturalidade (*Naturwüchsigkeit*) e submete-as ao poder dos indivíduos unidos" (*IA*65). Supõe-se, decerto, que o desenvolvimento histórico permaneça natural (*natürlich*) (*IA*55) quando perde seu caráter espontâneo, pseudo ou quase natural (*naturwüchsig*)³, mas que conserva ele de natural se está integralmente submetido ao controle da razão prática?

1. "Manual" está ausente do texto alemão (*K*593), e presente na tradução francesa revista por Marx.
2. Para uma análise dessas formulações em que a concepção materialista da história flerta com a *Naturphilosophie* schelligiana, ver A. Schmidt, *op. cit.*, pp. 109-30.
3. Sobre o sentido dessa distinção, ver J. Texier, "Le concept de *Naturwüchsigkeit* dans *L'Idéologie allemande*", in *Actuel Marx*, n.º 9, 1991, pp. 97-122.

Utopia Ver *Comunismo*
Al.: *Utopie* – Fr.: *Utopie*

Valor
Al.: *Wert* – Fr.: *Valeur*

* Em *O capital*, Marx inicialmente toma para si a distinção clássica entre valor de uso e valor de troca: "O caráter útil de uma coisa faz dela um valor de uso" (*K*40), e seu valor de troca é "a proporção pela qual valores de uso de uma certa espécie são trocados por valores de uso de outra espécie" (*K*41). Mas o "valor de troca" é apenas a "forma fenomenal" do "valor" (*K*43, 54). O que fundamenta a comensurabilidade das mercadorias na troca é o "valor", cuja "substância" e cuja "medida" são definidas pelo "tempo de trabalho necessário em média ou pelo tempo de trabalho socialmente necessário" (*K*44), por "um dispêndio de tempo de trabalho no sentido fisiológico, [...] de trabalho humano idêntico ou, ainda, de trabalho abstratamente humano" (*K*53).

** A referência ao "dispêndio fisiológico" e à "substância do valor" pode dar a impressão de que *O capital* propõe uma definição do valor ao mesmo tempo antropológica e substancialista. Não é nada disso. De fato, Marx toma o cuidado de precisar que o valor é considerado aqui como uma "substância social" (*K*43). Por um lado, de fato, o conceito de "trabalho socialmente necessário" supõe um condicionamento social e histórico, portanto, "o caráter de [...] trabalho médio simples varia conforme os países e as épocas culturais" (50). Por outro, o tempo de trabalho socialmente necessário supõe um condicionamento que podemos chamar político, na medida em que ele mesmo é indissociável da injunção ao sobretrabalho que define o capitalismo: "Para que o tempo de trabalho do operário crie valor em relação a sua duração, ele tem de ser tempo de trabalho socialmente necessário. Para tanto, o operário tem de executar, num tempo dado, a quantidade de trabalho útil correspondente à norma social: portanto, o capitalista o obrigará a fornecer um trabalho que atinja ao menos o grau médio de intensidade socialmente normal" (*ChI*136). Se o "trabalho útil" (*K*47), ou "trabalho concreto" (*K*57), cria valor de uso ao "se combinar com seu objeto" (*K*203), o mesmo não se dá com o trabalho socialmente necessário, ou "trabalho humano abstrato" (*K*43), que não é grandeza física, mas sim uma grandeza social. *O capital* abandona a temática ricardiana do "trabalho *incorporado*" para falar de um trabalho "que *se manifesta* nos valores" (44) e de valores "que *representa*[m] o trabalho humano puro e simples" (50).

*** Ao fazer do valor um "conceito sociopolítico"[1], Marx historiciza e politiza todos os fenômenos econômicos, ao passo que a economia política clássica e vulgar tende a despolitizar seu objeto apresentando o modo de produção capitalista como natural e eterno. Mas será que essa própria teoria do valor não teria de ser mais historicizada? Se o tempo de trabalho necessário é indissociável da injunção ao sobretrabalho, parece impossível aplicar uma mesma definição do valor ao capitalismo e ao comunismo. É o que parece afirmar a *Miséria da filosofia* (*OI*47-51), mas *O capital* (*K*90, *OII*1457) já não vê nisso a mesma dificuldade.

1. A expressão é de J. Bidet, que desenvolve essa interpretação em *Que faire du* Capital?, pp. 39-70.

LISTA DOS TERMOS EM PORTUGUÊS

Ação histórica 9
Alienação 11
Apropriação 14
Ativação 14
Base 14
Capital 16
Ciência 16
Classes 17
Comércio (entre os homens) 18
Comunismo 18
Contradição 20
Crítica 20
Dialética 23
Ditadura do proletariado 25
Edifício 14
Emancipação 25
Estado 25
Exploração 26
Fetichismo da mercadoria 26
Filosofia (efetuação da – / saída da –) 28
Forças produtivas 30
História 31
Ideologia 31
Ilusão prática 32
Indivíduos 32
Lei tendencial 36
Luta de classes 37

Mais-valia 40
Materialismo 41
Modo de produção 44
Necessidades 47
Ópio do povo 49
Política 49
Prática 52
Processo 55
Produção 55
Proletariado 57
Quase naturalidade 57
Relação de produção 57
Reprodução 57
Ser genérico 57
Sobretrabalho 60
Sobrevalor 60
Subsunção 60
Trabalho 62
Utopia 64
Valor 64

LISTA DOS TERMOS EM ALEMÃO

Aneignung 14
Arbeit 62
Ausbeutung 26
Basis 14
Bedürfnisse 47
Betätigung 14
Dialektik 23
Diktatur des Proletariats 25
Emanzipation 25
Entäusserung 11
Entfremdung 11
Gattungswesen 57
Geschichte 31
Geschichtliche Aktion 9
Ideologie 31
Individuen 32
Kapital 16
Klassen 17
Klassenkampf 37
Kommunismus 18
Kritik 20
Materialismus 41
Mehrarbeit 60
Mehrwert 40, 60
Naturwüchsigkeit 57
Opium des Volks 49
Philosophie (Verwirklichung der – / Ausgang der –) 28

Politik	49
Praktische Illusion	32
Praxis	52
Produktion	55
Produktionsverhältnisse	57
Produktionsweise	44
Produktivkräfte	30
Proletariat	57
Prozess	55
Reproduktion	57
Staat	25
Subsumption	60
Tendenzielgesetz	36
Überbau	14
Utopie	64
Veräusserung	11
Verkehr	18
Warenfetischismus	26
Wert	64
Widerspruch	20
Wissenschaft	16

LISTA DOS TERMOS EM FRANCÊS

Action historique 9
Activation 14
Aliénation 11
Appropriation 14
Base 14
Besoins 47
Capital 16
Classes 17
Commerce (entre les hommes) 18
Communisme 18
Contradiction 20
Critique 20
Dialectique 23
Dictature du prolétariat 25
Édifice 14
Émancipation 25
État 25
Être générique 57
Exploitation 26
Fétichisme de la marchandise 26
Forces productives 30
Histoire 31
Idéologie 31
Illusion pratique 32
Individus 32
Loi tendantielle 36
Lutte des classes 37

Matérialisme 41
Mode de production 44
Opium du peuple 49
Philosophie (effectuation de la − / sortie de la −) 28
Politique 49
Pratique 52
Procès 55
Production 55
Prolétariat 57
Quasi-naturalité 57
Rapport de production 57
Reproduction 57
Science 16
Subsomption 60
Surtravail 60
Survaleur 40, 60
Travail 62
Utopie 64
Valeur 64